Magda Bleckmann

Die geheimen Regeln der Seilschaften

Erfolgreich netzwerken –

ein **Karriereleitfaden**

Leykam

Fotocredits: S. 120: Dichand
S. 123: Toni Muhr, Fotodesign
S. 127: Inge Prader
S. 130: Infineon Technologies Austria AG
S. 141: ORF
S. 154: Christian Jungwirth/IV
S. 157: Österreichische Lotterien/Klimek
S. 161: TU Graz/Frankl
S. 166: Christiane de Grancy
Alle anderen Fotos wurden freundlicherweise von den Interviewpartnern zur Verfügung gestellt.

www.leykamverlag.at

Layout und Satz: Christian Konrad, www.chamoree.at
Lektorat: Rosemarie Konrad, Graz
Gesamtherstellung: Leykam Buchverlag

ISBN 978-3-7011-7721-9

Inhaltsverzeichnis

Danke! Mein besonderer Dank gilt all meinen InterviewpartnerInnen, die sich trotz ihrer vollen Terminkalender die Zeit genommen haben, um sich mit meinen Fragen auseinanderzusetzen. Sie alle haben mir neue Inputs und Anregungen zum Thema Netzwerken gegeben – jede/r auf ihre/seine Art. Sie alle haben mir gezeigt, dass Netzwerken auf unterschiedlichste Art gelebt werden kann.

Nach der Reihenfolge der stattgefunden Interviews möchte ich mich bedanken bei:

Christian Konrad – Generalanwalt Österreichischer Raiffeisenverband
Ronnie Leitgeb – Coach von Spitzensportlern und Mentaltrainer
Karl Stoss – Generaldirektor der Casinos Austria AG
Horst Pirker – Vorstandsvorsitzender der Styria Media Group AG
Veit Sorger – Präsident der Industriellenvereinigung
Elmar Oberhauser – Informationsdirektor des ORF
Günter Dörflinger – Vorstand der Christof Group
Hans Sünkel – Rektor der Technischen Universität Graz
Wolfgang Rosam – Kommunikationsstratege
Eva Dichand – Zeitungsherausgeberin
Hubert Neuper – Eventmanager
Ali Rahimi – Unternehmer
Monika Kircher-Kohl – Vorstandsvorsitzende der Infineon Technologies Austria AG
Uschi Fellner – Journalistin und Herausgeberin

Ein großes Dankeschön auch an meine Gesprächspartner, deren Informationen wichtige Impulse lieferten:

Karim Allouche – Experte für Firmen-Beziehungen
Johanna König – Gründerin der BIZLADIES
Gabi Spiegelfeld – Mitbegründerin des Klubs für Frauen
Monika Nagel – Präsidentin des Vienna Toastmasters Club

Weiters möchte ich all den Personen danken, die es ermöglicht haben, dass dieses Buch überhaupt zustande kommen konnte. Allen voran meinen Kollegen von der GSA, der German Speakers Association, und hier insbesondere meiner Mentorin Fleur Woess, die mir die Notwendigkeit und Wichtigkeit, dieses Buches zu schreiben, klargemacht haben. Dann meinem Verleger Wolfgang Hölzl, der meine „schriftstellerische" Kompetenz gestärkt und unterstützt hat, und auch meiner Lektorin Rosemarie Konrad, die immer Verständnis für meine Ideen gezeigt hat. Für die Unterstützung bei der Recherche für die wissenschaftlichen Teile danke ich Herrn Peter Heimerl und Herrn Clemens Zierler von der Fachhochschule Wiener Neustadt. Und nicht zuletzt meinen beiden Co-Autoren Peter Adler und Mario Körbler, deren Beiträge eine wesentliche Bereicherung des Themenkreises darstellen.

Ohne sie alle hätte dieses Buch nicht in dieser Form erscheinen können.

Jeder kann netzwerken lernen Zwei Uni-Absolventen bewerben sich bei derselben Firma um den Job als Assistent der Geschäftsführung.

Student A ist ein durchschnittlicher Student und eher selten auf der Universität anzutreffen, dafür ist er am Abend viel unterwegs und kennt viele Menschen. Er hat auch schon einige Leute aus der Firma kennengelernt und keine Scheu, sie anzusprechen und zu fragen, was für die Position erwartet wird und wie die Firma tickt.
Student B ist ein fleißiger Student und hat selbstverständlich auch gute Noten. Er ist ständig auf der Universität, ganz auf sein Studium konzentriert, und hat deshalb natürlich keine Zeit, andere Studierende oder Menschen zu kontaktieren. Er bereitet sich auf das Bewerbungsgespräch vor, indem er das liest, was im Internet über die Firma zu finden ist.

Was glauben Sie? Wer bekommt die Position?

Zwei Angestellte sind in einen ähnlichen Autounfall verwickelt. Beide Autos haben einen Totalschaden, und die Versicherungen streiten, wer schuld ist, und wollen nicht zahlen. Die beiden Fahrer trifft eine Teilschuld – der eine war zu schnell, der andere hat die Rechtsregel nicht beachtet.

Angestellter A erkundigt sich sofort in seinem großen Bekanntenkreis, wer denn schon mal so etwas erlebt hat, wie man bei so einem Fall am besten vorgehen soll. Ob jemand die Versicherung oder jemanden von der Versicherung kennt. Er fragt einen befreundeten Anwalt, wer auf derartige Fälle spezialisiert ist. Und schnell bekommt er den Namen eines Experten und dazu noch gute Ratschläge, was zu tun ist.
Angestellter B kennt niemanden, schaut in den Gelben Seiten nach, welchen Anwalt er sich nehmen könnte, und ruft den Erstbesten, dessen Name ihm zusagt, an.

Was meinen Sie, welcher der beiden das Verfahren gewinnt?

Sie gehen am Abend zu einer sogenannten Netzwerkveranstaltung, weil ein Vortrag gehalten wird, der Sie interessiert. Sie treffen dort am Buffet beim Small Talk folgende Leute:

Herr A stellt sich Ihnen freundlich vor und fragt höflich, ob er sich an Ihren Tisch setzen darf. Während des Essens verhält er sich ruhig. Erst danach stellt er Ihnen einige interessierte Fragen und verwickelt Sie in ein angenehmes Gespräch. Bald entdecken Sie als ein gemeinsames Thema die Liebe zur Toskana und zu guten Weinen. Zum Abschluss tauschen Sie Ihre Visitenkarten, um sich ein anderes Mal weiterzuunterhalten.
Herr B steht eher griesgrämig in einer Ecke, und auf interessierte Fragen Ihrerseits gibt er nur karge Antworten und ist mehr mit dem Essen beschäftigt. Sein Blick irrt die ganze Zeit suchend umher.

Mit wem werden Sie lieber in Kontakt bleiben?

In diesen drei geschilderten Situationen verhält sich jeweils Person A wie ein Netzwerker. Der Student, der eher umtriebig ist, hat die Position natürlich erhalten. Die Firma hat jemanden gesucht, den sie später als Führungsperson aufbauen kann. Und es ist auch logisch, dass derjenige den Prozess gewonnen hat, der sich dem Spezialanwalt anvertraut hat, der andere konnte nur einen mickrigen Vergleich erreichen. Herr A, den Sie auf der Veranstaltung kennengelernt haben, wird bestimmt schneller aufsteigen, mehr Erfolge haben und sich engerer Freundschaften erfreuen, insgesamt ein zufriedeneres Leben führen.

Was haben Football und Beziehungspflege gemeinsam? Ohne eine gut durchdachte Taktik werden Sie im großen Spiel des Lebens niemals Punkte machen. (Harvey Mackay)

In Kontakt bleiben wir alle – wenn wir ehrlich sind – lieber mit Personen, die aufmerksam, freundlich und zugänglich sind. Die meisten Menschen stellen auch lieber jemanden ein, der ihnen empfohlen wurde, jemanden, den sie kennen und dem sie vertrauen. Dasselbe gilt natürlich auch für Leistungen von Unternehmen und Personen. Und all das können auch Sie lernen, immerhin lesen Sie ja schon diese Seiten. Somit haben Sie den ersten Schritt zur Veränderung getan.
Beim Netzwerken ist es wie im Sport, am liebsten vergleiche ich es mit Golf: Auch wenn jemand talentiert ist – ein gutes Handicap zu erreichen ist harte Arbeit und braucht viel Übung. Begeisterung allein reicht da nicht aus. Genauso ist es beim Netzwerken: Sie müssen die Fertigkeiten, die dafür notwendig sind, erlernen und in Ihren Alltag einbauen. Nicht umsonst gibt es das Sprichwort: „Früh übt sich, wer ein Meister werden will.“

Ich bin der Meinung – und habe es auch immer wieder so in meinen Seminaren erlebt –, dass jeder Netzwerken lernen kann. Sie müssen nur die dazu notwendigen Informationen besitzen, es auch wirklich wollen – und dranbleiben. Und genau dabei soll Sie dieses Buch unterstützen.

Im ersten Teil erfahren Sie alles Notwendige rund um das Thema Seilschaften und Netzwerke. Was es bringt, was es ist, und welche Fähigkeiten Sie dazu benötigen. Im zweiten Teil verrate ich Ihnen die dazu notwendigen Regeln – wie gesagt, Netzwerken ist wie Sport, also muss man – wie bei jeder Sportart – auch über die Regeln Bescheid wissen. Einen ganz wesentlichen Faktor, den Sie bestimmt brauchen, wenn Sie ein erfolgreicher Netzwerker werden wollen, lernen Sie im dritten Teil kennen: die Kunst des Small Talk. Der vierte Teil vermittelt Ihnen Kenntnisse über Netzwerke und Netzwerkpraxis in Österreich. In all diese Kapitel fließen immer wieder auch Meinungen und Aussagen meiner Interviewpartner zum Thema ein – die vollständigen Interviews sind in Teil fünf nachzulesen. In Teil sechs finden Sie schließlich einen Beitrag des Web-Experten Mario Körbler über Online-Netzwerke und ein Essay von Mediator Peter Adler über Netzwerke und Macht.
Und am Schluss stelle ich Ihnen noch einige wichtige Institutionen, Vereine und Plattformen, die Sie zu diesem Thema kennen sollten (natürlich ohne Anspruch auf Vollständigkeit), vor.

Noch eine Bitte: Beantworten Sie meine Fragen immer sofort, spontan, aus Ihrem momentanen Gefühl heraus, schreiben Sie Ihre Gedanken und Überlegungen gleich direkt in dieses Buch hinein – es ist als Arbeitsbuch konzipiert. Nehmen Sie Anregungen gleich auf und probieren Sie, diese sofort im Alltag umzusetzen – damit Sie sich aus den vielen Fäden, die Sie spinnen werden, ein festes Seil knüpfen können, aus dem bald ein starkes Sicherheits- bzw. Sprungnetz entstehen wird.

Teil 1:
Netzwerkfäden
So legen Sie den Grundstein zum Erfolg

Seilschaft oder Netzwerk?

Zuerst zwei Fragen an Sie. Bitte schreiben Sie die Worte, die Ihnen dazu einfallen, gleich hier auf:

Was verstehe ich unter Seilschaften? ______________________________

____

____

____

Was verbinde ich mit dem Begriff Netzwerken? ______________________________

____

____

____

Bevor Sie jetzt weiterlesen, überlegen Sie bitte, welche Einstellung Sie zu den Begriffen Seilschaften und Netzwerke haben. Welche Gedanken sind Ihnen dazu eingefallen? Was haben Sie empfunden? Verbinden Sie mit der Thematik positive oder negative Vorstellungen?

Wenn Sie eher negative Empfindungen – zum Beispiel Wörter wie zeitintensiv, klüngeln, verhabert sein ... – notiert haben, stehen Sie dem ganzen Thema ziemlich ablehnend gegenüber. Gerade in diesem Fall ist es wichtig, dass Sie sich mit der Materie beschäftigen, dass Sie sich der Vorteile bewusst werden. Denn funktionierende Seilschaften und gute Netzwerke erleichtern uns das Leben – privat und beruflich. Wenn Sie aber positive Worte gefunden haben – zum Beispiel Verbündete haben, Kontakte pflegen, Win-win-Situationen ... –, dann könnten Sie den nun folgenden Teil eigentlich überspringen. Oder doch nicht, denn ganz sicher finden Sie noch zusätzliche Tipps und Anregungen – und wenn es auch nur die Bestätigung ist, dass Sie bereits ein guter Netzwerker sind.

Definitionen

„Seilschaft ist eine Gruppe von Bergsteigern, die ein Seil miteinander verbindet. Im allgemeineren Sinn wird eine Bergsteigergruppe, die gemeinsam unterwegs ist, immer als Seilschaft bezeichnet." (Wikipedia) Im übertragenen Sinn ist eine Seilschaft eine Gruppe undefinierbarer Größe, die sich gegenseitig fördert, unabhängig von Leistungen.

Der Begriff ist heute eher negativ behaftet, oder wie es zum Beispiel die WU-Managerin des Jahres 2008, *Monika Kircher-Kohl*, bezeichnet:

„Seilschaften bedeuten für mich ein gegenseitiges sich Hineinhieven."

Unter der Tätigkeit „Netzwerken" (Networking) versteht man ganz allgemein den Aufbau und die Pflege einer sozialen Beziehung zwischen einander „verbundenen" Personen, die sich gegenseitig kennen, sich informieren und sich manchmal zum Beispiel in ihrer Karriere fördern oder andere Vorteile verschaffen. Der Präsident der Industriellenvereinigung, *Veit Sorger*, bringt es auf den Punkt:

„Gespräche ermöglichen und Interessen abwägen und dabei behilflich sein, Ziele zu erreichen. Das alles vor dem Hintergrund von Integrität und einem hohen Maß an Anstand und Offenheit."

Wenn Sie jetzt fragen, was der tatsächliche Unterschied oder die Grenze zwischen Netzwerk und Seilschaft ist, lautet meine Antwort darauf schlicht und einfach: die Wortwahl und die persönliche Interpretation. Für mich ist es im Grunde dasselbe, auch wenn bei Seilschaften oft eine stärkere Förderung erfolgt.

Das Ziel ist bei beiden dasselbe: die Stärkung der persönlichen (Macht-)Position. Daher verwende ich die beiden Bezeichnungen in der Folge auch als Synonyme.

Im Laufe der Literaturstudie zu diesem Thema habe ich unzählige Definitionen zu beiden Begriffen gefunden. Entscheidend ist, ob ich eine engere oder weitere Definition bevorzuge, und aus welchem Blickwinkel ich Netzwerke und Seilschaften betrachte. Für mich geht es letztlich nur darum, ob ich meine Kontakte und Beziehungen bewusst und systematisch pflege. Netzwerken bedeutet nicht, dass man jemanden rein zufällig trifft, es sind keine Treffen, die ungeplant und unabsichtlich stattfinden.

Netzwerken heißt: bewusste Kontaktaufnahme und systematische Pflege dieser Beziehungen.

Horst Pirker, Vorstand der Styria Medien AG, sagt von sich selbst, dass er ein „unbegabter“ Netzwerker ist: Die Werkzeuge für das Netzwerken sind in seinen Augen:

„Zum Beispiel Singen oder Musik machen. Trinkfestigkeit ist vielleicht ein weiteres ‚Werkzeug‘, oder mit extrem wenig Schlaf auskommen. Über diese ‚Werkzeuge‘ verfüge ich nicht rasend. Wenn dann bewege ich mich wie zufällig in Netzwerken, aber ich halte mich dort nicht auf.“

Er ist als erster Österreicher designierter Präsident von WAN-IFRA, den vereinigten Weltverbänden der Zeitungen. Horst Pirker hat diese Funktion nicht angestrebt, er wurde gefragt und ist auch schon seit zwei Jahren Vizepräsident. Natürlich ist das auch eine Art Netzwerk. Solche Systeme stärken die eigene Position, dienen dem Know how-Transfer, sind hilfreich und notwendig.
Auf die Frage, wie er als Nichtnetzwerker so eine Position erhalten konnte, sagt er:

„Ich bin schon seit zehn Jahren im ‚Board‘ von WAN und IFRA ... Noch nie war ein Österreicher dort Präsident, obwohl es die Verbände schon seit vielen Jahrzehnten gibt. Dazu bedarf es eben des ‚Chairos‘, nämlich zum richtigen Zeitpunkt am richtigen Ort zu sein. Sicher spielt auch die fachliche und persönliche Reputation eine Rolle. Und die hängt letztlich wieder von Begabung und vom Fleiß ab. Ich wurde gefragt, weil ich mich wahrscheinlich gut eingebracht habe.“

Auch wenn Horst Pirker sich als „unbegabten“ Netzwerker bezeichnet, in dieser Organisation hat er genau das gemacht, was ich unter Netzwerken verstehe: Er hat sich über längere Zeit hinweg engagiert, hat sich zu Wort gemeldet, seinen Mund aufgemacht und sich dadurch sichtbar gemacht. Er hat sich den Status eines Experten aufgebaut. Und er ist aktiv und bereit, für diese Funktion Zeit zu opfern, er wird auch viel unterwegs sein. Mir hat er das Gefühl vermittelt, dass ihm diese Aufgabe richtig Spaß macht und ihn herausfordert. Genau das ist es, was ich unter Netzwerken verstehe.

Die entscheidende Frage muss also lauten: Was können Sie tun, damit Sie gefragt werden?

Dazu der Rektor der Technischen Universität Graz, *Hans Sünkel:*

„Manchmal kann man es nicht verhindern, dass man nach oben fällt. Wenn Sie sich unverzichtbar machen und die Umgebung Sie für die richtige Person hält, dann ist eine Karriere fast unvermeidbar."

Es ist nicht genug, zu wissen, man muss es auch anwenden. Es ist nicht genug, zu wollen, man muss es auch tun. (Johann Wolfgang von Goethe)

Unverzichtbarkeit und Engagement – das ist der springende Punkt bei der ganzen Sache: Sie müssen es so weit bringen, dass Sie sich nicht andienen müssen, sondern dass Sie gefragt werden. Dazu müssen Sie sichtbar sein und gehört werden. Sie und Ihre Kompetenzen müssen bekannt sein. Sie müssen sich bekannt machen. Frei nach dem Motto: „Tue Gutes und sprich darüber." Diese Aufgabe, nämlich Werbung für sich zu machen, wird Ihnen zu Beginn der Karriere niemand abnehmen. Wer nach oben will, muss aktiv sein, sich einbringen, Ideen haben und diese auch verfolgen. Sie müssen auf sich aufmerksam machen – mit Verbesserungsvorschlägen, besonderem Fleiß oder mit anderen positiven Eigenschaften. Und Sie werden sehen: „Steter Tropfen höhlt den Stein." Man wird auf Sie zukommen, wenn Sie sich einen Namen gemacht haben. Nur den Weg dorthin müssen Sie selbst gehen. Dabei ist es nicht notwendig, überall und jederzeit dabei zu sein. Sie müssen nur wissen, wann und wo die für Sie wichtigen Ereignisse stattfinden. Seilschaften oder Netzwerke können Ihnen diesen Weg erleichtern und Ihnen Steine aus dem Weg räumen.

Eine treffende und simple Definition von Netzwerken kommt von Karim Allouche, dem Begründer von SVAX, einer persönlichen Netzwerkplattform, von der wir später noch mehr hören werden.

Die drei Erfolgs-€€€ stellt er als Netzwerkdreieck dar:

ehrlich

ständig — tun

einfach — bewusst — echt

Für ihn heißt Netzwerken ständiges, bewusstes Tun, also dranbleiben und aktiv sein, ehrlich, einfach und echt sein, nicht vorgeben, jemand anderer zu sein.

Netzwerken als Tätigkeit an sich ist eine moderne Wortschöpfung und bedeutet so viel wie „sich ein Netzwerk schaffen". Auch wenn durchaus gewisse Parallelen zum gleichlautenden Begriff für interorganisationale Netzwerke/Clusterorganisationsformen zu finden sind, beschäftigt sich dieses Buch nicht mit derartigen Institutionen. Während Clusterorganisationen in der Realwirtschaft fast immer mit den Strukturmerkmalen Kooperation, Vertrauen, Selbstverpflichtung, Verlässlichkeit, Verhandeln und dauerhafte Beziehungszusammenhänge (laut dem Betriebswirt Jörg Sydow und dem Sozialwissenschaftler Arnold Windeler) erfasst werden können, ist die Tätigkeit des Netzwerkens als menschliche Handlung nicht zwingend auf all diese Merkmale angewiesen. Zusammenfassend kann also gesagt werden, wenn wir es wissenschaftlich bezeichnen wollen:

Netzwerken wird als eine mehrwertschaffende und nachhaltig kommunikative Tätigkeit von Personen in sozialen Systemen verstanden.

Eine (natürlich) technische, aber doch anschauliche Definition des Netzwerkens stammt von *Hans Sünkel*, dem Rektor der Technischen Universität Graz:

„Netzwerke bestehen aus zwei Elementen: Knoten und Kanten. Die Knoten sind die Kreuzungen im Netzwerk, an welchen gleichsam die Akteure sitzen; die Kanten geben dem Netzwerk jene Struktur, die die Aktivitäten in Verbindung mit den Nachbarn bringen. Die Knoten sind wie Neuronen, die feuern. Nicht umsonst funktioniert unser Gehirn als Netzwerk. Ein Netzwerk braucht diese Struktur, es benötigt sowohl die Akteure als auch die Verbindungen untereinander. Entartete Netzwerke gleichen dagegen einem Filz, der nicht funktionieren kann, in dem man gefangen ist. Erst im Netzwerk fängt man an, Kontakte zu knüpfen."

Wenn wir das Ziel des Netzwerkens betrachten, hat Uwe Scheler eine gute Definition getroffen: „Es geht um eine methodische und systematische Art der Beziehungspflege, die in der offenen Absicht der gegen-

seitigen Förderung, des Austausches und der des persönlichen Vorteils geschieht." Es reicht nicht aus, Kontakte zu knüpfen, Visitenkarten zu sammeln und Treffen zufällig zustande kommen zu lassen. Die Kunst liegt darin, Kontakte bewusst zu planen und zu pflegen. Dazu benötigen Sie eine Adressendatei mit zusätzlichen persönlichen Informationen, die Sie regelmäßig warten.
Um sich zu einem erfolgreichen Netzwerker zu entwickeln, müssen Sie sich Ihres Netzwerkes bewusst sein, die Netzwerkgröße kennen und wissen, dass Networking Zeit kostet (langfristig aber natürlich Zeit und Geld spart!), und bereit sein, diese zu investieren.

Vorteile von Netzwerken

Sicherheitsnetz

Vor kurzem hat mich ein ehemaliger Studienkollege angerufen, der sich seit fünf Jahren nicht mehr bei mir gemeldet hat. Ich habe mich trotzdem gefreut, und wir haben eine Weile geplaudert und Neuigkeiten ausgetauscht. Was glauben Sie, war der Abschluss des Gesprächs? Er fragte mich so ganz nebenbei: „Kannst du mir bitte 5000 Euro leihen?" Und ich habe mir gedacht: „Du armer Kerl – wen musst du schon alles angerufen haben, dass du dich deshalb nach fünf Jahren bei mir meldest!" Was will ich mit diesem Beispiel sagen?

Sorgen Sie rechtzeitig dafür, dass Sie es haben, wenn Sie es brauchen!

Gute Beziehungen geben Ihnen Sicherheit.

Schauen Sie, dass Sie Menschen als Freunde haben, die Ihnen in den verschiedensten Lebenslagen hilfreich sein können, sei es ein guter Anwalt, ein Arzt oder auch ein Banker. Leute, die Ihnen ehrlich sagen können, wer Ihr spezielles Leiden oder Ihren speziellen Fall am besten behandeln kann. Nur wenn Sie gute Bekannte haben, die Ihnen helfen können, nur dann sind Sie gut vernetzt.
Dasselbe gilt auch für das berufliche Umfeld. Wenn Sie mit jenen Menschen in Kontakt bleiben, die Ihnen sympathisch sind – egal in welcher Position und mit welcher Einstellung –, werden Sie diese Personen, wenn sie können, auch unterstützen.
Unser Leben verläuft in den meisten Fällen schon lange nicht mehr linear, sondern schlägt oft die unterschiedlichsten Richtungen ein. Wer heute noch unbedeutend scheint, kann morgen schon eine geniale Idee haben und zu den Erfolgreichen zählen. Und andersherum: Menschen,

die ganz oben auf der Karriereleiter stehen, können tief fallen. Wichtig ist es, mit vielen unterschiedlichen Menschen in Verbindung zu stehen, mit denen Sie sich gut verstehen. Scheuen Sie sich nicht, auch mit positionsmäßig über Ihnen stehenden Personen Kontakt aufzunehmen. Wenn Sie gut vernetzt sind, erfahren Sie früher, ob Ihr Job in Gefahr ist, können sich besser dagegen rüsten und Entscheidungen treffen. Sie können schneller agieren, wenn Sie nicht von Intrigen überrumpelt werden. Sie erfahren früher, ob es neue, interessante Jobs gibt, die für Sie in Frage kommen. Sie sind schlicht und einfach besser informiert.

Kein Wunder, dass *Elmar Oberhauser* den Begriff Netzwerken generell in dieser Richtung definiert:

„Gute Beziehungen und eine ordentliche Basis zu haben – zu den wichtigen und richtigen Leuten, die an den Schalthebeln sitzen."

Wenn Sie in ein Netz eingebunden sind, wissen Sie, dass Sie Personen kennen, die Sie um Rat fragen können. Sie wissen, dass es Menschen gibt, die Ihnen helfen, und Sie wissen: Sie können Ihr Netzwerk mit der Lösung von Problemen beauftragen.

Soziales Netz

Ich lade Sie ein, Ihr eigenes soziales Netz zu betrachten. Beantworten Sie bitte die folgenden Fragen (diesen Test können Sie unter www.seilschaften.at auch downloaden):

TEIL 1

Wen könnte ich um 5000 Euro bitten? ______________________________

____

____

Wen könnte ich nachts um drei Uhr anrufen, wenn ich Sorgen habe? ______________

____

____

Wer würde mich vorübergehend aufnehmen, wenn ich keine Unterkunft habe? ________

____

____

Wer würde für mich ein tolles Fest organisieren? ______________________________

____

____

TEIL 2

Wem würde ich 5000 Euro leihen? ______________________________

____

____

Wer könnte bei mir nachts um drei anrufen und sich bei mir ausheulen? ______________

____

____

Wen würde ich vorübergehend bei mir zu Hause aufnehmen? ______________________

____

____

Für wen würde ich ein tolles Fest ausrichten? ______________________________

____

____

Wie viele Leute stehen auf Ihrer Liste? Wichtig ist, dass es nicht nur Familienmitglieder oder berufliche Freunde sind, die für Sie zur Verfügung stehen würden. Bei den ersten Fragen geht es um Menschen, die etwas für Sie tun würden. Zu einem guten sozialen Netz gehören Leute, die erreichbar sind und auch in Ihrer Nähe wohnen, damit sie in Krisensituationen zur Stelle sein können und nicht erst kilometerweit fahren müssen. Es müssen Menschen außerhalb Ihres familiären und beruflichen Bereichs sein, ein Freundes- und Bekanntenkreis, der nicht nur aus Verwandten und Kollegen besteht.

Wenn Sie bei diesen Fragen nur wenige Namen aufgeschrieben haben, kann es auch daran liegen, dass Sie nicht bereit sind, etwas für andere zu tun. Daher die Fragen von Teil 2. Denn diese betreffen Menschen, denen Sie etwas geben würden. Wenn hier keine Freunde oder Bekannte auf der Liste stehen, dann sollten Sie sofort anfangen, daran zu arbeiten. (Mehr Selbstchecks und Informationen zu diesem Thema finden Sie in dem Buch „Wenn die Seele SOS funkt“ von Michael Stark und Peter Sandmeyer.)

Aufgrund meiner Erfahrungen kann ich Ihnen nur empfehlen, sich das zu Herzen zu nehmen. Ich habe mehr als zehn Jahre meines Lebens nur für die Politik gelebt, meine wirklichen Freunde vernachlässigt. Und ich musste erfahren – von einem Tag auf den anderen –, dass ich nicht mehr „wichtig“ war. Ab dem Moment, als ich aufgrund meiner Schwangerschaft die Position der Generalsekretärin der Partei zurückgelegt habe, hat mein Handy nicht mehr geklingelt, ich war nicht mehr interessant, hatte keinen Einfluss mehr. In der Selbstständigkeit musste ich dann auch lernen, dass ich nicht mehr sofort zurückgerufen wurde. Im Gegenteil, ich wurde von der Rückrufliste gestrichen. Das war für mich eine neue, schmerzhafte Erfahrung, doch da hat sich für mich auch menschlich die Spreu vom Weizen getrennt. Und ich habe daraus gelernt: erstens die Freunde und die Familie nicht mehr zu vernachlässigen, und zweitens mich nicht wichtiger zu nehmen, als ich bin. Die Position macht dich zwar mächtig, aber die Menschen meinen nicht dich, sondern nur die Funktion. Diese Erfahrungen haben mich auch veranlasst, für andere Vorträge und Seminare zu diesem Thema zu entwickeln, damit sie nicht dieselben Fehler machen.

Tipp: *Jeder benötigt soziale Kontakte, in unterschiedlicher Intensität und Menge. Pflegen Sie Ihre persönlichen Freunde auch in Zeiten der beruflichen Anspannung. Nehmen Sie sich bewusst Zeit dafür. Kein Beruf ist so wichtig, dass Sie deswegen Ihre sozialen Kontakte vernachlässigen. Sonst stehen Sie schnell allein da, denn die beruflichen Kontakte sind eben nur berufliche, und wenn Sie die Position nicht mehr haben, sind auch diese sogenannten „Freunde“ von der Bildfläche verschwunden.*

Wenn Sie Ihre Freunde vernachlässigen, löst sich Ihr soziales Netz auf. Und wenn Sie privat jemanden brauchen, zum Beispiel bei der Jobsuche oder im Fall einer Scheidung, dann ist niemand mehr für Sie da. Gerade dann, wenn Sie erfolgreich sind, wenn Sie oben angekommen sind, sollten Sie zwar gute neue Beziehungen aufbauen, Ihre alten Freunde aber keineswegs vernachlässigen. Helfen Sie möglichst vielen Menschen, stiften Sie Nutzen, wann immer Sie dazu in der Lage sind, auch wenn die Empfänger im Moment nichts für Sie tun können.
Das Stichwort dazu lautet soziale Intelligenz, ein Begriff, den auch viele meiner Interviewpartner als äußerst wichtig erachten.

Karrierenetz Johannes Steyrer von der Wirtschaftsuniversität Wien hat in einer Langzeitstudie untersucht, welche Faktoren und wie sie sich auf die Karriere auswirken. Dafür unterscheidet er bei Managern drei Typen: durchschnittliche, effektive und erfolgreiche. Erfolgreich definiert er als Aufstieg in der Hierarchie. Untersuchungsgegenstand war, wie viel Zeit die einzelnen Manager in traditionelles Management, also Entscheidungen, Planungen und Kontrolle, investieren, und wie viel Zeit in Kommunikation, die hier als Routineinformationsaustausch und Papierarbeiten gesehen wird.

Ein weiterer Faktor betrifft das Personalmanagement, also wie viel Zeit für Auswahl, Gespräche, Motivation, Disziplinierung, Konfliktlösungen und Ausbildung der Mitarbeiter aufgewendet wird. Und dann wird noch die Zeit für Netzwerkpflege ausgewertet, also Bekannte treffen, Beziehungen spielen lassen und Außenstehende kontaktieren.

Das interessante Ergebnis: Effektive Manager investieren nur 11 Prozent, durchschnittliche Manager 19 Prozent, erfolgreiche Manager dagegen 48 Prozent (!) in Netzwerkpflege.

Woraus klar ersichtlich ist: Manager, die in der Hierarchie aufsteigen, die erfolgreich sein wollen, sollten sich viel Zeit für Netzwerkpflege nehmen. Und damit wird auch ein klarer Vorteil des Netzwerkens ersichtlich: Netzwerken steht in eindeutigem Zusammenhang mit Karriere. Dieser Meinung schließt sich auch *Eva Dichand* an, wenn Sie uns als ihre Botschaft folgende Worte mit auf den Weg gibt:

„Zu Beginn der Karriere ist Netzwerken sehr hilfreich und unterstützt den Austausch. Es ist wichtig, die Kontakte langfristig zu pflegen.“

Noch ein weiteres Ergebnis der Studie soll an dieser Stelle erwähnt werden: Die Studienleistung, also gute Noten, haben keine Auswirkung auf den Karriereerfolg. Denken Sie an die kleine Episode über die Bewerbungen der beiden Jungakademiker in der Einleitung zurück!

Sprungnetz Auch auf neue Jobs oder die Stellensuche generell haben Netzwerke eine positive Auswirkung. Wichtig ist,dass unser Netzwerk auch weiß, dass wir eine neue Herausforderung suchen. Denn dann gibt es –

abhängig von der Größe und Qualität unseres Netzwerkes – viele Menschen, die wir um Rat und Hilfe bitten können.

Regnet es? Wenn Sie ein Netzwerk haben, werden Sie nicht nass.
(Harvey MacKay)

Ein Bekannter von mir, Andreas, ist im IT-Bereich im Key Account tätig. Wir haben uns über XING kennengelernt und empfehlen uns inzwischen gegenseitig weiter. XING ist eine globale Internetplattform, in der Leute ihre geschäftlichen, aber auch privaten Kontakte zu anderen verwalten können. Eine neue, dynamische IT-Firma hat über diese Plattform bei ihm angefragt, ob er zur Verfügung stünde – zu einer Zeit, als er überhaupt nicht an einen Jobwechsel dachte. Beim darauf folgenden Gespräch sprang der Funken sofort über, und ganz unkompliziert kam es zu einem neuen Arbeitsverhältnis: Andreas hat seinen jetzigen Job über XING erhalten. Und das geht nicht nur über XING, sondern auch über unser persönliches Netzwerk.

Kundennetz

Erfolg ist, wenn der Kunde zurückkehrt, nicht die Ware.

Wenn unser Netzwerk funktioniert, brauchen wir nie mehr wieder kalt zu akquirieren oder Klingeln zu putzen. Wenn unsere Kunden mit unserer Leistung zufrieden sind, können wir aktiv Empfehlungen einfordern und so zu neuen Kundenkontakten kommen. Wenn wir mit unseren Netzwerkpartnern ständig und immer wieder in Verbindung sind, erhalten wir automatisch die Beziehung aufrecht und können auch unsere Kunden (oder Kunden in spe) an uns binden. Und wenn es uns darüber hinaus noch gelingt, ihnen einen Nutzen zu bringen, zum Beispiel durch die Herstellung eines neuen Kontakts, der für sie wichtig ist, haben wir bei ihnen einen Pluspunkt.

Ein Beispiel: Ich erhielt eine Einladung zur Preisverleihungsgala einer Zeitung, die ich natürlich gern annahm, da ich wusste, dass dort viele Unternehmer anwesend sein würden. Laut Tischordnung saß ich neben einem höchst sympathischen Ehepaar. Während der ganzen drei Stunden, die die Preisverleihung dauerte, unterhielten wir uns hervorragend, führten richtigen Small Talk. Am Ende tauschten wir unsere Visitenkarten aus. Und mein Sitznachbar, nennen wir ihn Wolfgang, lud mich ein, ihn einmal zu besuchen, was ich dann, als ich in seiner Nähe einen Termin hatte, auch tat. Erst bei diesem Besuch erfuhr ich, dass er eine der größten Firmen seiner Branche in Österreich aufgebaut hat und dass auch seine Frau eine große Firma besitzt und leitet. Zufällig trafen wir uns später in Kitzbühel wieder, und wir luden sie auf den

Jägerball in Wien ein, auf den sie immer schon gehen wollten. (Der Ball findet immer am Montag nach dem Skirennen in Kitzbühel statt, Karten dafür zu bekommen, ist fast unmöglich.) Die beiden amüsierten sich dort sehr gut, haben alte Bekannte getroffen und lernten viele neue Leute kennen. Heute ist Wolfgang einer meiner Kunden, wir empfehlen uns gegenseitig, und ich bin mir sicher, auch die Firma seiner Frau wird über kurz oder lang meine Leistungen in Anspruch nehmen.

Was ich damit sagen will: Ohne die Absicht, einen zukünftigen Kunden zu gewinnen, bin ich mit jemandem ins Gespräch gekommen, habe mein Gegenüber einfach sympathisch gefunden und bin mit ihm in Kontakt geblieben, habe geholfen, dort wo es möglich war – ohne Hintergedanken. Das Geschäft kam von allein.

Solche Empfehlungen ergeben sich auch, wenn Sie sich immer wieder in Erinnerung bringen. Das ist das eigentliche Kunststück: Beim anderen so im Gedächtnis verankert zu sein, dass er an Sie denkt, wenn jemand Ihre Leistung benötigt. Überlegen Sie einmal: Wen empfehlen Sie selbst weiter? Wie muss diese Person sein, welche Leistungen muss sie erbringen? Wie oft müssen Sie diese Person sehen und hören, bevor Sie sie weiterempfehlen? Bevor Sie weiterlesen, denken Sie bitte über diese Fragen nach und machen Sie sich auch ein paar Notizen! Noch optimaler ist es natürlich, wenn die zufriedenen Kunden uns neuen Partnern vorstellen und uns weiterempfehlen. Das wird umso besser funktionieren, je besser die Kunden uns kennen, je länger wir eine vertrauensvolle Beziehung haben.

Tipp: *Machen Sie sich eine Liste von Ihren „Empfehlern“, von jenen Menschen, die Ihnen neue Kunden bringen und Ihre Leistung oder Ihre Produkte weiterempfehlen. Wenn Sie keine haben, fangen Sie bei Ihren zufriedenen Kunden oder bei Ihrem Anwalt oder Steuerberater an. Treffen Sie diese Leute mindestens viermal im Jahr, zeigen Sie sich erkenntlich und telefonieren Sie mit ihnen, so oft es Ihnen möglich ist. Nur so können Sie im Gedächtnis bleiben.*

Auch hier ist eines wichtig: Dranbleiben! Für mich ist es immer wieder spannend zu beobachten, wer meine Leistung bucht. Die einen erhalten regelmäßig meinen Newsletter, und wenn sie ein Training benötigen, denken sie an mich. Zu den offenen Seminaren melden sich meist Leute an, die mich schon einmal in firmeninternen Seminaren erlebt haben und ihre Persönlichkeit in anderen Bereichen weiterentwickeln wollen. Und viele nehmen noch einen oder zwei Freunde mit. Die besten Vertriebsmitarbeiter also sind – unsere zufriedenen Kunden. Dieses Rezept gilt nicht nur für Trainingskurse, für meine Arbeit, sondern für jede Art von Kundenbeziehung. Es ist eine der Grundlagen der Marketingstrategien. Es reicht nur nicht, es zu wissen – Sie müssen es auch tun!

Informationsnetz In Zeiten von immer schnellerem Datentransfer und ständig überholtem Wissen ist die richtige Information zur richtigen Zeit ein beruflicher Überlebensfaktor. Für *Günter Dörflinger* ist der Wissenstransfer überhaupt einer der wesentlichsten Faktoren des Netzwerkens:

„Du kannst selbst nicht alles wissen und können. Wenn mir heute einer sagt, dass er keine Netzwerke braucht, muss er entweder Nobelpreisträger oder Grenzgenie sein, da er damit dokumentiert, dass er über ein ausreichendes Wissen verfügt und andere nicht benötigt. Man braucht in allen Bereichen Menschen, die auf anderen Gebieten mehr Wissen haben und so mehr bewegen können."

Kein Wunder also, dass es in diesem Bereich auch ständig neue, interessante Netzwerkideen gibt, eine davon, die vor allem auf dem Austausch von Informationen beruht, stammt von *Karim Allouche*, der seine Plattform SVAX (www.svax.com) in erster Linie als „Business Serviceline" versteht.

Was ist SVAX (Supported Value And eXchange)? *Ein Gespräch mit Karim Allouche, dem Experten für Firmen-Beziehungen:*

Herr Allouche, was machen Sie eigentlich? Mein Gebiet ist die Beziehungswirtschaft. Ich bin der Gründer von SVAX, einem Firmen-Beziehungs-Netzwerk. Wir bringen Firmen in Beziehung und fördern das Geben und Nehmen von Wirtschaftschancen. Dabei liegt die Betonung auf Beziehungen, die wir fördern. „One Night Stands", sprich das schnelle Geschäft für Vertriebsprofis, haben bei uns keinen Platz. In der Praxis sieht das so aus: Wir selektieren die Partner vorher, bereiten die Gespräche vor und schaffen Klarheit, wie sie gegenseitig voneinander profitieren können. Dann bringen wir Unternehmen A und B bewusst an einen Tisch. Menschen, in unserem Fall Unternehmer und Führungskräfte, Gemeinsamkeiten zu zeigen und sie persönlich in Beziehung zu bringen, ist eine sehr erfüllende Aufgabe. Wir nennen das „svaxen".

Was ist für Sie das Faszinierende an Ihrem Beruf? Das Schöne für mich ist: Als Gründer eines Firmen-Beziehungs-Netzwerks und Experte für Firmen-Beziehungen bin ich Pionier. Ich habe mir meinen Traumberuf sozusagen auf den Leib schneidern können. Ich glaube, das macht auch den Erfolg aus.

Was bedeutet SVAX? Wenn Sie SVAX mit F statt dem V schreiben, dann liegt es in Tunesien und ist mein Geburtsort. Sfax ist die größte Handels- und Industriestadt Nordafrikas. Auf die Idee, mein Unternehmen so zu nennen, hat mich mein damals fünfjähriger Sohn gebracht. Da war klar, dass wir aus SVAX ein tolles Familienunternehmen machen. SVAX bedeutet heute Supported Value And eXchange.

Wieso sollte jemand zu SVAX dazugehen? Unsere Mitglieder und wir sind ein Team. Alle legen Wert auf Vertrauen und Sicherheit. Wir pflegen unsere SVAX-Kultur und beachten die Regeln im Umgang miteinander. Unser Job ist es, die Wege abzukürzen. So möchten wir unseren SVAX-Mitgliedern ganz bewusst Erfolge im wirtschaftlichen Bereich ermöglichen. Mit SVAX bieten wir Unternehmen ein Firmen-Beziehungs-Netzwerk, das sie wirtschaftlich miteinander in einer Qualität verbindet, wie es sie nur bei SVAX gibt. Sichergestellt wird die Qualität durch unseren selbst entwickelten Qualitätszirkel. Dazu gehört auch, dass jedes Mitglied einen persönlichen Ansprechpartner in unserem Mitgliederservice hat.

Was ist das Besondere daran? Das Besondere ist, das SVAX sich zum größten Teil durch das aktive Mitdenken und Empfehlen seiner Mitglieder weiterentwickeln und wachsen darf. Das aktive Mitdenken war auch ein Grund dafür, dass wir mittlerweile die SVAX-Akademie ins Leben gerufen haben. Wir bieten Unternehmern und Führungskräften die Ausbildung zum Experten für Firmen-Beziehungen an. Mit CEO2morrow.com setzen wir einen weiteren Schritt in Richtung Zukunft von SVAX. Wir fragen Jugendliche: „Bist du CEO2morrow?" Die Antworten wecken bei mir große Hoffnung in die Zukunft unserer Unternehmen. Verantwortlich für die Umsetzung von CEO2morrow sind zwei tolle Jungs, die selbst CEOs von Morgen sind. Die dritte Säule, auf die unser Geschäftsmodell aufbaut, ist: „Kundenbindung durch Netzwerkbildung." Unternehmen können bei uns Lizenzen und Know how erwerben, um ihre Kunden so in Beziehung zu bringen, wie es SVAX mit seinen Mitgliedern tut. Begleitet werden wir auf unserem Weg von unserem Beirat, der unser Handeln immer wieder auf den Mitgliedernutzen prüft. Bei strategischen Entscheidungen steht er uns mit seinen Empfehlungen und seiner Erfahrung zur Seite.

Was sind nun konkret Ihre Serviceleistungen? *Business Days, Lieferantensuche, Empfehlungen, Synergiegespräche und die Serviceline. Unsere Leistungen nennen wir „BLESS" – so kann man sich das ganz einfach merken. Lassen Sie mich zwei Leistungen detailliert beschreiben. Bei den Business Days treffen sich maximal zwölf Unternehmer zum Svaxen. Die Teilnehmer werden zum Teil ganz bewusst von uns ausgesucht. Zuerst stellt sich jeder Unternehmer anhand eines Leitfadens in fünf Minuten vor. Der Leitfaden ist Bestandteil des Qualitätszirkels und garantiert den Gästen, dass sie von allen Teilnehmern die gleichen Informationen bekommen. Danach schlagen wir Gesprächspaarungen vor, die voneinander profitieren können. Anschließend läuten wir eine Runde mit neuen Paarungen ein.*
Das SVAX-Synergiegespräch funktioniert ganz einfach. Wenn ein Mitglied sagt, ich möchte den oder den Unternehmer kennenlernen, nehmen wir für ihn Kontakt auf und bereiten das Gespräch per Mail mit speziell entwickelten Fragen für beide vor. Wir vereinbaren Termine und sorgen dafür, dass sich für beide ein Nutzen herauskristallisiert. Die Gesprächspartner kommen durch unsere Vorbereitung schneller zum Punkt. So kann viel Zeit eingespart werden. Am nächsten Tag gibt es dann eine telefonische Nachbearbeitung von uns, wie das Gespräch verlaufen ist und wie es weitergehen soll. Dabei spielt es keine Rolle, ob der Wunschgesprächspartner Mitglied von SVAX ist, oder nicht.

Für so eine Gesprächsanbahnung zahlt man ja woanders viel Geld, wie ist das bei Ihnen?
Bei uns zahlen die Mitglieder 2000 Euro pro Jahr. Viele verlängern bereits nach einem halben Jahr ihre Mitgliedschaft.

Haben Sie gewusst, dass es so etwas überhaupt gibt? Mir war das auch neu. Ich lernte Herrn Allouche im März 2010 bei einem Vortrag kennen, und er sprach mich an: „Frau Bleckmann, ich mache dasselbe wie Sie." Ich darauf: „Interessant, was machen Sie denn?" Und schon waren wir in ein Gespräch verwickelt – und bald darauf im Geschäft. Und wenn sich alles gut entwickelt, werde ich in Zukunft an der SVAX-Akademie Netzwerkseminare halten. Und wenn nicht, dann habe ich trotzdem einen tollen Kontakt: Wir profitieren beide voneinander und können Informationen und Wissen austauschen.

Die BIZLADIES – ein spannendes Frauennetzwerk. *Ein Gespräch mit der Eventmanagerin Johanna König:*

Frau König, wieso haben Sie ein Frauennetzwerk gegründet? Ich wollte für Unternehmerinnen eine unabhängige Netzwerkplattform ins Leben rufen, die es in dieser Form noch nicht gab. Ich habe mit Frühstücksterminen angefangen, und alle haben gesagt: „Das wird nichts." Also die beste Ausgangsposition. Heute gibt es die BIZLADIES bereits in Wien, Linz, Klagenfurt und Bahrain. Geplant sind weitere Gründungen in Graz, Innsbruck, Bratislava, Düsseldorf und New York.

Wie läuft so ein Treffen ab? Wir haben neun Treffen pro Jahr, in den unterschiedlichsten Locations, wir treffen uns zum Cocktail oder zum Frühstück. Es gibt eine kurze Begrüßung von mir und dem jeweiligen Sponsor des Events, der das Essen und die Getränke – Champagner und ein exquisites Buffet – finanziert. Dann stellen sich alle neuen Damen vor und auch einige der bestehenden BIZLADIES. Zum Netzwerken bekommen die Damen Empfehlungskarten mit drei Namen, damit das Anknüpfen leichter fällt. Im Schnitt kommen 80 Damen, und es fängt immer bald zum Rascheln an, weil alle schon in ihre Empfehlungsbriefe hineinschauen.

Wer darf dabei sein? Ich habe derzeit 70 Prozent Unternehmerinnen und 30 Prozent weibliche Führungskräfte. Für mich ist es wichtig, dass wir in diesem Punkt ausgeglichener werden. Ein Schnupperabend kostet 50 Euro, dieser Betrag wird dann aber auf den jährlichen Mitgliedsbeitrag von 250 Euro angerechnet. Interessant ist: Seit wir den Schnupperbeitrag angehoben haben, wollen alle dabei sein.

Was gibt es sonst noch für Zukunftspläne? Ich wünsche mir einen BIZLADIES-Kongress, bei dem sich die Damen aller Destinationen untereinander wirklich austauschen können, mit einem interessanten Programm, abgestimmt auf die Wünsche unserer Mitglieder.

Sie sehen: Für alle Bereiche des Lebens gibt es Netzwerke – initiiert von Menschen, die den Mut haben, ihre Ideen zu verwirklichen. Wenn Sie nichts für Sie Passendes finden, gründen Sie doch selber eines. (Eine Anleitung dazu gibt es von Monika Scheddin in ihrem Buch „Erfolgsstrategie Networking: Wie Sie ein professionelles Netzwerk gründen, organisieren und stabilisieren".)

Mit Netzwerken Zeit sparen Wenn ich des Öfteren nach meinen Vorträgen zum Thema „Netzwerken als Erfolgs- und Karriereturbo" höre: „Das, was die Frau Bleckmann da sagt, klingt ja toll, aber die Zeit, das alles zu machen, habe ich nie!", lautet meine Antwort immer: „Zeit ist eine Sache der Wertigkeit." Und bedenken Sie, wie viel Zeit Sie einsparen können, wenn Sie Netzwerkpartner haben, die Ihnen mit Rat und Tat zur Seite stehen. Zum Beispiel Experten, die Ihnen schnell einen Überblick über ein für Sie neues Gebiet geben können, damit Sie sich ohne großen Aufwand einarbeiten können.

Es gibt Top-Speaker, die haben bis heute noch kein Buch geschrieben, obwohl sie es gerne machen würden. Doch sie wissen einfach nicht, wie sie es angehen sollen. Ich wusste es auch nicht, aber mir war eines klar: Ich schreibe ein Buch. Ein für mich völlig neues Gebiet, denn bis jetzt habe ich ja nur zu den Menschen gesprochen. Wie geht man hier vor, was ist zu beachten, wie komme ich an einen Verlag? Also habe ich überlegt: Wen kenne ich, der in einem Verlag arbeitet, wen, der bereits ein Buch geschrieben hat oder sonst irgendwie einen Bezug dazu hat? Da ist mir dann eingefallen, dass ich einen XING-Kontakt habe, der mir vor einem Jahr geschrieben hat: „Wenn Sie einmal in Richtung Verlag oder Buch etwas brauchen, wenden Sie sich an mich." Gesagt, getan. Ich habe zurückgeschrieben: „Es ist so weit, wann können wir uns treffen?" Wir haben uns dann in Wien verabredet, nur auf eine Stunde. Aber es waren sehr effiziente 60 Minuten. Der Kollege arbeitet in einem Verlag, weiß, wie ein Exposé ausschauen muss, damit es dem Verlag gefällt und angenommen wird.

Zeitspartipps: *Wenn Sie in einer anderen Stadt einen Termin haben, vereinbaren Sie doch gleich auch andere Termine mit Netzwerkpartnern, die Sie dort oder auf dem Weg dorthin treffen. Nutzen Sie die Synergien und legen Sie die Termine so an, dass Sie am Abend Netzwerktreffen vor Ort besuchen können, zum Beispiel einen Rotary Club, Stammtische oder ein XING-Treffen. Es gibt Unmengen von Möglichkeiten, Sie müssen sie nur nutzen und bereit sein, neue Kontakte zu knüpfen.*

Er erklärte mir die Vorgangsweise, legte mir über seine Kollegen die Schiene bei den für mich passenden Verlagen, und wir haben das Ganze in dieser einen Stunde gemeinsam konzipiert und erarbeitet. Dadurch konnte ich mir viel Zeit und viele Rennereien ersparen. Ich hatte einen Experten an meiner Seite, der mir mit seinem Wissen sehr weitergeholfen hat. Und bis heute habe ich im Gegenzug noch nichts für ihn tun können. Und das ist für ihn in Ordnung.
Mein Branchennetzwerk, die GSA (German Speakers Association), kostet mich – auf den ersten Blick gesehen – nur Zeit und Geld. Ich zahle einen nicht unerheblichen Mitgliedsbeitrag und darf immer wieder zu diversen Treffen gehen. Doch bei diesen Meetings erhalte ich die neuesten Informationen aus der Branche und darüber hinaus noch super Tipps und Tricks, die mir – auf lange Sicht – viel Zeit sparen: Wie ich meine Reden am besten aufbauen kann oder wie ich die besten Agenturen finde. Und immer wieder ergeben sich Kooperationen und Synergien, die ich mir sonst erst sehr zeitintensiv aufbauen müsste, die sich aber so, wenn ich im Netzwerk aktiv bin, von allein ergeben.
Deshalb ist es wichtig, dass Sie die unterschiedlichsten Menschen in Ihrem Netzwerk haben, dass Sie den Kontakt aufrechterhalten, damit Sie dann im Fall der Fälle darauf zurückgreifen können: auf Menschen, die Ihnen sympathisch sind, mit denen Sie gern in Kontakt bleiben – ohne gegenseitige Erwartungen.

Wenn Netzwerken so wirksam ist, warum investieren nur so wenige Menschen die dafür notwendige Zeit dafür? Viele wissen einfach nicht, wie man ein funktionierendes Netzwerk aufbaut, und viele besitzen auch nicht die dafür notwendige Geduld, um die Früchte zu ernten. Über diesen Punkt können Sie später mehr bei Regel Nummer 8 „Definieren Sie Ihre Ziele!“ und Regel Nummer 11 „Nehmen Sie sich Zeit“ lesen.

So geht's nicht! – Netzwerk-Don'ts

Mund halten

Fristen Sie kein Mauerblümchendasein. Wenn Sie schon zu Veranstaltungen gehen, sollten Sie dort auch aktiv neue Kontakte knüpfen. Klar, Sie müssen aus Ihrer Komfortzone heraustreten, etwas tun, was Sie vielleicht bisher noch nie getan haben. Wollen Sie mit jemand zusammen sein oder reden, der den Mund nicht aufbekommt? Nicht einmal eine Frage stellt? Sicher nicht!

Dazu gibt es eine Geschichte von *Elmar Oberhauser*, dem jetzigen Informationsdirektor des ORF, und zwar wie er als Vorarlberger zu seinem Job als Sprecher der „Zeit im Bild" in Wien kam:

„Zum Beispiel habe ich mir nie zugetraut, dass ich eine Fernsehsendung moderieren kann. Der damalige Informationsintendant Kunz hat mich – ohne mich zu fragen – zum Nachfolger von Robert Hochner als ZIB 2-Moderator ernannt. Ich habe das kategorisch abgelehnt, wollte die Entscheidung erst nach einer Woche Training treffen, doch der Trainer hat mir schon nach drei Tagen beim Mittagessen gesagt, ich müsse das machen. Ich wundere mich auch immer wieder, dass ich mich getraut habe, Interviews in der Form, wie ich es getan habe, zu führen. Und – Sie werden lachen – ich bin an und für sich schüchtern. Ich habe nur gelernt, dass wir uns ruhig mehr zutrauen können, als wir eigentlich glauben."

Elmar Oberhauser wurde einer der gefürchtetsten ORF-Moderatoren – wegen seiner Fragen. Und eine weitere Anekdote, die er gerne erzählt:

„Es lief gerade wieder so eine Geschichte wegen der Kirche in den Medien. Und ich hätte so gerne ein Statement von Kardinal König in meiner Reportage gehabt. Aber er hat zu dem damaligen Thema – es war der Fall Groer – nie etwas gesagt. Eines Tages traf ich ihn nach einem Empfang in der Hofburg. Da fragte ich ihn dann: „Warum haben Sie nichts dazu gesagt?" Und was glauben Sie, war die Antwort? „Ja, haben Sie mich denn gefragt? Ihre Schüchternheit ist ja bekannt."

Genau darum geht es. Sie sind in guter Gesellschaft, denn die meisten von uns sind schüchtern. Es geht darum, über unseren eigenen Schatten zu springen, aus der Komfortebene herauszugehen. Wenn wir etwas wissen wollen, müssen wir fragen. Schlicht und einfach fragen.

Druck ausüben oder übertreiben Ohne Druck oder Übertreibung zu agieren, gelingt nur, wenn wir in der Lage sind, beim Netzwerken Leichtigkeit und Lockerheit an den Tag zu legen. Ich weiß natürlich, dass das leicht gesagt ist, besonders wenn wir finanziell abhängig sind und eine

Familie zu ernähren haben. Nur: Unser Gegenüber merkt genau, ob wir unter Druck stehen oder nicht. Negativbeispiele sind für mich zum Teil die Mitarbeiter von diversen Direktmarketing-Firmen. Dort wird eine Strategie, die bei einem funktioniert, von allen übernommen. Kennen Sie die Fragen: „Wir haben etwas mit Pipelines zu tun – klingt das für Sie interessant?" Und schon gibt's den ersten Termin. Ich gebe zu, ich bin auch darauf hineingefallen (beim ersten Mal), denn es klingt ja wirklich interessant. Aber dann habe ich erfahren, dass es um Amway geht – nach einer Stunde Erklärung. Ich habe nichts gegen diese Firma, im Gegenteil, ich benutze sogar einige ihrer Produkte, oder gegen einen gemeinsamen Einkaufsverbund wie zum Beispiel Lyoness – den halte ich für genial. Ich halte es aber nicht für sinnvoll, dass mehrere Mitarbeiter den gleichen Eingangsschmäh verwenden. Meiner Meinung nach sollte jeder das für sich Passende und vor allem Eigene verwenden, denn nur so ist man glaubwürdig. Und gerät nicht in Gefahr, Druck auszuüben oder zu übertreiben. Nur dann sind wir in der Lage, eine derartige Sogwirkung zu erzeugen, dass wir die Leute mitreißen können.

Fazit: Beim Small Talk einfach ins Gespräch kommen, ohne große Erwartungen – das ist das Rezept.

Möglichkeiten vorbeiziehen lassen Bei diesem Punkt geht es darum, die Chancen, die sich ergeben, auch wahrzunehmen. Durch bereits geöffnete Türen auch durchzugehen. Ein Beispiel aus meinem Leben: Als steirische Landtagsabgeordnete und Klubobmann (ich war damals von unserem zehnköpfigen Klub die Chefin – als jüngste und einzige Frau!) hat mich mein damaliger Chef und Landesparteiobmann der Steiermark gefragt, ob ich nicht zu einem Termin mit Jörg Haider mitkommen wolle, er sei eingeladen und wolle nicht allein fahren. Und Termine beim obersten Chef zum Abendessen gab es nicht oft, privat war ich auch noch nie im Bärental gewesen, alles in allem also eine sehr verlockende Chance. Da meine Mutter aber an diesem Tag Geburtstag hatte und ich ihr versprochen hatte, mit ihr etwas zu unternehmen, sagte ich ab. Es fuhr

Tipp: *Wenn Sie die Möglichkeit haben, bei wichtigen Treffen mit „einflussreichen und mächtigen" Personen dabei zu sein, nehmen Sie diese wahr. Egal, ob Sie das Gefühl haben, dass es eine Chance für Ihre Karriere sein könnte, oder ob Sie einfach neugierig sind. Gehen Sie mit und hin.*

dann ein anderer Mitarbeiter mit, der in späterer Folge richtiges Mobbing gegen mich betrieb. Bei diesem Termin wurden wichtige weitere Schritte, Strategien und Positionen festgelegt, verschiedene Aufgaben wurden verteilt. Sehr schnell habe ich erkannt, dass das in Bezug auf meine Karriere die eindeutig falsche Entscheidung gewesen war. Als ich das eines Tages meiner Mutter erzählte, sagte sie nur: „Wieso hast du mir das denn nicht gesagt, das wäre ja kein Problem gewesen." Ja, so einfach wäre es gewesen, nur damals wollte ich sie nicht kränken.

Komplimente nicht annehmen Es reicht nicht, Komplimente zu machen. Wir müssen Komplimente auch annehmen. Haben Sie das auch schon erlebt? Sie machen der Kollegin oder Mitarbeiterin ein Kompliment, loben sie, dass sie etwas besonders gut gemacht hat, und sie antwortet: „War eh gar keine Arbeit", oder: „Nicht der Rede wert." Was passiert in einem solchen Moment? Sie kommen sich komisch vor mit Ihrem Kompliment! Als ob Sie etwas gelobt hätten, was gar nicht der Rede wert war. Und Sie werden diese Person nie mehr wieder loben! Dabei hören wir alle gerne Lob, auch Vortragende und Referenten freuen sich darüber. Bitte: Machen Sie demjenigen, der Sie lobt, kein schlechtes Gefühl. Sagen Sie schlicht und einfach danke, freuen Sie sich und nehmen Sie das Kompliment an. Wieso können manche Menschen so schwer Lob annehmen? Das hängt oft mit dem Selbstwertgefühl zusammen. Menschen, die zu starker Selbstkritik neigen, tendieren dazu, Lob nicht annehmen zu können. Wie oft sagen Sie denn zu sich selbst: „Das habe ich gut gemacht!" Wie oft feiern Sie Ihre Erfolge? Wenn Sie das nicht können, sollten Sie daran arbeiten. Nur wer sich selbst anerkennt und schätzt, ist in der Lage, sich offen über eine Bestätigung seiner Leistungen zu freuen.

Tipp: *Führen Sie ein Tagebuch, in dem Sie am Ende des Tages aufschreiben, was Sie heute alles gut gemacht haben, welche Aufgaben Sie erfolgreich gelöst haben. Mindestens drei Punkte sollten es sein. Einen Monat lang, jeden Abend.*

Keine Ziele haben Mit dem Motto „Ich weiß zwar nicht wohin, aber Hauptsache ich bin früher dort" hat noch niemand Erfolgsgeschichte geschrieben. Auch ich musste das immer wieder feststellen, wenn ich im beruflichen Bereich unzufrieden war und die Dinge nicht rund liefen, viel Kraft kosteten. Es lag daran, dass ich gar nicht mehr wusste, wofür, wozu ich eigentlich arbeitete. Mir war auch oft langweilig, weil alles einfach so dahinlief. Für mich und viele andere Menschen sind Abwechslung und Herausforderungen das Salz in der Suppe des Lebens. Heute weiß ich, dass dies dann der richtige Zeitpunkt für eine Neubestimmung ist, für eine Neudefinierung meiner Ziele. Wenn dieser Prozess erledigt ist – der meist nur drei Stunden In-sich-Gehen bedeutet –, dann habe ich wieder viel Energie und genügend Kraft für den Alltag. Allein das Ziel, dieses Buch zu schreiben, war für mich eine besondere Herausforderung, da ich bisher eher über das Sprechen kommuniziert habe. Und natürlich gab es immer wieder Einbrüche und Tage oder Wochen, wo gar nichts weiterging. Aber ich hatte den Termin mit dem Verlag, und ich wollte das Buch unbedingt schreiben. Ich verrate Ihnen auch warum: Eines meiner größten Ziele ist es, als beste Vortragende zum Thema Karriere- und Netzwerkplanung bekannt zu werden und vor vielen Menschen zu sprechen. Und dazu gehört nun mal mindestens ein selbst verfasstes Buch. Das ist mein „Antreiber", und er funktioniert gut. Und heute habe ich sogar schon neue Ideen – für weitere Bücher.

__Tipp:__ Gehen Sie mindestens einmal im Jahr auf Klausur mit sich selbst. Machen Sie sich ein schönes Wellness-Wochenende oder auch nur drei angenehme Stunden, in denen Sie ganz allein sind. Hauptsache ist, Sie tun es. Überprüfen Sie Ihre Ziele, definieren Sie neue, fordern Sie sich. Planen Sie Ihr Beziehungsmanagement bewusst und systematisch übers ganze Jahr. Tragen Sie diesen Termin fix in Ihren Kalender ein.

Wie wichtig Zielstrebigkeit für den Erfolg ist, darüber sind sich auch meine Interviewpartner einig. Stellvertretend für viele möchte ich an dieser Stelle *Ronnie Leitgeb* zitieren:

„Ich hatte eine Vision. Und das gepaart mit Mut zur Intensität und Emotionalität. Entscheidend waren mein Durchhaltevermögen, die Disziplin, die Fokussierung auf eine Sache ohne Rücksicht auf Verluste ... Man muss sich über sein Ziel klar sein, den Zugang dazu suchen und die Strategie dafür erarbeiten."

Jammern oder herumtratschen Niemand will mit Menschen zusammen sein, die alles schlecht reden oder Persönliches weitererzählen. Weder in der Partnerschaft noch im Beruf. Ewige Nörgler und Meckerer, die nirgendwo etwas Gutes sehen, stehen schnell allein da. Denn wir alle wollen uns mit Menschen umgeben, die positiv in die Zukunft blicken,

Alles hat zwei Seiten, und davon ist mindestens eine positiv.
(Bernd Hansen)

die überlegen, wie etwas geht, und nicht, wie es nicht geht. Das sind die Macher, die Innovativen, die Umsetzer. Beobachten Sie ihre Sprache, welche Worte sie verwenden. Wie sehen sie das Leben, ihre Arbeit, ihre Partnerschaft? Als Last, notwendiges Übel, als ständigen Kampf oder als Spiel, als Herausforderung und Bereicherung? Erfolgreiche Menschen betrachten das Glas immer als halb voll und nicht als halb leer. Und Sie?

Ich sehe das Leben als ____

____

____

Ich halte Geld für ____

____

____

Meine Partnerschaft ist ____

____

____

Mein Beruf ist ____

____

____

Meine Familie ist ____

____

____

Klingt das, was Sie aufgeschrieben haben, wirklich optimistisch? Wenn nicht, gehen Sie auf die Suche nach den positiven Dingen in Ihrem Leben und bringen Sie diese in den Fokus Ihrer Gedanken.

Keine Verbündeten haben Zu diesem Thema habe ich in der Politik so einiges erlebt. Ich denke, so schnell wie in der Politik die Partner einer Seilschaft das Seil wechseln, das gibt es sonst nur selten. Ich zum Beispiel hatte immer einen sehr starken Kritiker aus einem anderen großen Wahlkreis, der mich als Konkurrenz betrachtete, nennen wir ihn Toni. Toni ließ keine Gelegenheit aus, mir Fehler vorzuwerfen und mich bloßzustellen, bei jeder Sitzung, immer wenn er die Gelegenheit dazu hatte. Dann kam es zur Listenerstellung, und er landete auf der Liste der Nationalratskandidaten hinter mir. Ich wurde Nationalratsabgeordnete – und er nicht. Aber ab diesem Zeitpunkt unterstützte er mich massiv, wieder zurück in die Landespolitik zu gehen – in welcher Position auch immer. Als Landesrätin, Landtagsabgeordnete, egal. „Diese Frau gehört ins Land zurück", so seine Worte. Woher kam der Sinneswandel? Dazu muss man die wahlarithmetischen Spielregeln kennen. Wenn ich in die Steiermark zurückgegangen wäre, wäre er in den Nationalrat nachgerückt und hätte sein Ziel erreicht. Solche Allianzen sind klassische Seilschaften: gegenseitige Unterstützung, um das gemeinsame Ziel zu erreichen, ohne Rücksicht auf Eignung oder Fähigkeiten. Nur hatten wir damals nicht dasselbe Ziel: Ich wollte nicht in die Landespolitik zurück!

Welches Projekt auch immer Sie angehen, welche Idee Sie umsetzen wollen, suchen Sie sich Verbündete, die Sie unterstützen, begleiten und mit Ihnen an der Realisierung arbeiten. Menschen, die dieselben Ideale haben wie Sie, auf die Sie sich verlassen können. Es muss auch nicht unbedingt dasselbe Ziel sein, es kann auch nur ein Stück des Weges gemeinsam gehen bedeuten, gemeinsame Synergien nutzen. Es gibt für alle Ideen Verbündete, Sie müssen sich nur auf die Suche nach ihnen machen und die Ratschläge von *Veit Sorger* berücksichtigen:

„Man soll sich innerhalb einer Gesellschaft offen bewegen, versuchen zu gestalten, seine Positionen einbringen und die richtigen Verbündeten suchen. Die findet man für alle Themen. Die findet man, wenn man glaubwürdig ist und seine Sache gut vertritt, an seinen Werten festhält und nicht den Eindruck vermittelt, es gehe nur um den persönlichen Vorteil."

Es war einmal ... *ein kleiner Baumwollfaden, der hatte Angst, dass es nicht ausreichte, so, wie er war: „Für ein Schiffstau bin ich viel zu schwach", sagte er sich, „und für einen Pullover zu kurz. An andere anzuknüpfen, dazu habe ich viel zu viele Hemmungen. Für eine Stickerei eigne ich mich auch nicht, dazu bin ich zu blass und farblos. Ja, wenn ich aus Lurex wäre, dann könnte ich eine Stola verzieren oder ein Kleid. Aber so?! Es reicht nicht! Was kann ich schon? Niemand braucht mich. Niemand mag mich – und ich mich selbst am wenigsten."*

So sprach der kleine Baumwollfaden, legte traurige Musik auf und fühlte sich ganz niedergeschlagen in seinem Selbstmitleid. Währenddessen lief draußen in der kalten Nacht verzweifelt ein Klümpchen Wachs in der beängstigenden Dunkelheit umher. „Für eine dicke Weihnachtskerze bin ich viel zu klein", jammerte es, „und wärmen kann ich kleines Ding allein auch niemanden. Um Schmuck für eine tolle, große Kerze zu sein, dafür bin ich zu langweilig. Ach, was soll ich denn nur tun, so allein in der Dunkelheit?"

Da kam das kleine Klümpchen Wachs am Häuschen des Baumwollfadens vorbei. Und weil es so sehr fror und seine Angst so riesig war, klopfte es schüchtern an die Tür.

Als es den niedergeschlagenen, kleinen Baumwollfaden sah, kam ihm ein wunderschöner Gedanke. Eifrig sagte das Wachs: „Lass dich doch nicht so hängen, du Baumwollfaden. Ich hab da so eine Idee: Wir beide tun uns zusammen. Für eine große Weihnachtskerze bist du zwar als Docht zu kurz, und ich hab dafür nicht genug Wachs, aber für ein Teelicht reicht es allemal. Es ist doch viel besser, ein kleines Licht anzuzünden, als immer nur über die Dunkelheit zu jammern!"

Ein kleines Lächeln huschte über das Gesicht des Baumwollfadens, und er wurde plötzlich ganz glücklich. Er tat sich mit dem Klümpchen Wachs zusammen und sagte: „Nun hat mein Dasein doch einen Sinn."

Ausnutzen

Was auf keinen Fall geht, ist, nur an eins zu denken: Was und wie kann ich profitieren? Mit solchen Gedanken neu in ein Netzwerk zu gehen, ist einfach unmöglich – denn Netzwerke basieren auf Gegenseitigkeit. Überlegen Sie immer: Was kann ich für den anderen tun? Welche für ihn interessante Kontakte kenne ich, wie kann ich ihm nützlich sein? Sie müssen irgendetwas einbringen, und sei es nur ein überlegtes Geschenk. Dann machen Sie sich Freunde. Dazu ein Beispiel von Wolfgang Rosam, dem Gründer des Zigarrenclubs:

„Ich habe das Negativ-Beispiel eines alten Agenturkollegen vor Augen, der sich immer nur meldete, wenn er etwas gebraucht hat. Heute beantworte ich seine Mails einfach nicht mehr. Man darf seine Kontakte nicht überstrapazieren, muss gut überlegen, wen man um einen Gefallen bittet."

Schlechte Manieren Sie können sich ganz schnell unbeliebt machen, wenn Sie vergessen oder auch nur übersehen, zu grüßen, höflich die Hand zu reichen und „Bitte" und „Danke" zu sagen. Dafür gibt es ja bereits eigene Seminare. Zum guten Benehmen gehört es auch, freundlich zu sein und nicht über die Veranstaltung oder die Teilnehmer zu schimpfen, sich nicht an der Bar zu betrinken oder eine Kellnerin oder Begleitung eines anderen Teilnehmers anzubraten. So ein Verhalten spricht sich schnell herum und schadet Ihrem Image.

Gute Manieren haben wieder Konjunktur.

Einen Business-Knigge zu studieren, kann nicht schaden, für den, der hier ein Defizit hat. Denn die Regeln beginnen beim Blickkontakt. Schenken Sie Ihrem Gegenüber Ihre ungeteilte Aufmerksamkeit, denn Ansprechen wird erst durch Ansehen möglich. Sie dürfen aber auch die Respektszone des anderen nicht überschreiten. In unseren Breitengraden ist das ungefähr eine Armlänge. Wenn Sie das nicht beachten, kann es passieren, dass man Sie als zu aufdringlich wahrnimmt. Und ein Herr lässt niemals eine Dame alleine stehen und erzählt in der Gegenwart von Frauen keine anzüglichen Witze, auch das gehört zum guten Ton. Und noch eins: Nur wenige Personen wollen sofort per Du sein. Dafür gilt noch immer die Regel: Die Dame bietet dem Herrn, der Ältere dem Jüngeren das Du-Wort an. Von den Essmanieren möchte ich gar nicht reden, das ist ein anderes Kapitel.

Keine Geduld haben Es wird nicht ausreichen, sich für ein Anliegen kurzfristig in einem Verein einzuschreiben oder sich an einer Interessengemeinschaft zu beteiligen und so auf den schnellen Erfolg zu warten. Und wenn es nicht gleich klappt, gleich wieder auszutreten. Networking wirkt vor allem langfristig. Die Entwicklung von Seilschaften benötigt Zeit und Geduld.

Ich will euch mein Erfolgsgeheimnis verraten: Meine ganze Kraft ist nichts anderes als Ausdauer. (Louis Pasteur)

Dazu möchte ich Ihnen ein Beispiel aus meinem Leben erzählen: Einer meiner ersten großen Vorträge wäre nicht zustande gekommen, wenn ich nicht drangeblieben wäre. Mir wurde von einem Kunden empfohlen, mich doch bei dem Zuständigen für das Stadtmarketing zu melden, der immer Vorträge organisiert. Das tat ich natürlich sofort, und wir machten auch gleich einen Termin aus. Ich hatte das Gefühl, das könnte was werden, unterbreitete ihm gleich am nächsten Tag meine Vorschläge für diverse Seminare und Vorträge – und erhielt keine

Antwort. Nach zwei Wochen rief ich ihn dann an, konnte ihn aber nicht erreichen und schickte darauf eine Mail – keine Reaktion. Nach weiteren drei Wochen rief ich wieder an – nichts. Kurz vor Weihnachten griff ich wieder zum Telefon, wollte meine Weihnachtswünsche anbringen – wieder nichts. Ich dachte schon, daraus wird nichts mehr. Wenn sich jemand nicht meldet, dann hat er auch kein Interesse. Im neuen Jahr fasste ich mir doch noch ein Herz und rief wieder an – mit unterdrückter Nummer, weil ich mir dachte, wenn er nicht will, soll er es mir wenigstens persönlich sagen. Und was glauben Sie, ist passiert? „Ja, Frau Bleckmann", sagte er freundlichst, „wir müssen uns unbedingt treffen." Ich war etwas verwundert, ließ es mir aber nicht anmerken, sagte nichts und vereinbarte natürlich einen Termin. Das Ergebnis können Sie heute noch auf meiner Homepage auf Video sehen.

***Tipp:** Wenn Sie jemanden wirklich erreichen wollen, rufen Sie mit unterdrückter Nummer an, die meisten Menschen heben aus Neugierde dann doch ab. Und wenn Sie schon öfters ohne Erfolg angerufen haben, weisen Sie nicht darauf hin, sondern verhalten Sie sich so, als ob Sie zum ersten Mal anrufen würden! Durch Jammern oder Vorwürfe machen Sie sich weder Freunde noch Kunden.*

Unzuverlässig sein, ständig Termine verschieben, nicht zurückrufen oder sich gar nicht melden – das sind die absoluten No-Goes im Netzwerkmanagement. Wenn Sie sich nur alle fünf Jahre bei „Freunden" melden, können Sie nicht erwarten, dass diese Ihnen bedingungslos helfen, wenn Sie sich in einer Notsituation befinden. Wie schon früher gesagt, lautet das Motto: „Man muss rechtzeitig darauf schauen, dass man es hat, wenn man es braucht." In guten Zeiten müssen Sie regelmäßig Ihre Beziehungen pflegen, zum Beispiel mit Geburtstagswünschen, Anrufen und jährlichen Einladungen. Erst dann wird sich, wenn Sie wirklich Unterstützung benötigen, sofort ein Freund finden, der Ihnen hilft. Nur mit Freude am Kontakthalten und mit Beziehungspflege werden Sie mit langfristig guten und dauerhaften Beziehungen belohnt.

***TIPP:** Nutzen Sie Ihre Stehzeiten, wenn Sie sonst nichts zu tun haben, um – ich nenne sie – „Liebesanrufe" zu tätigen. Fragen Sie einfach, wie's geht, ohne etwas zu wollen. Machen Sie sich von Ihren Kunden, Bekannten und Netzwerkpartnern Anruflisten und telefonieren Sie diese ab! Sie werden sehen, um wie viel leichter Sie dann etwas bekommen, wenn Sie anrufen und etwas brauchen, und das nur, weil Sie den Kontakt nicht vernachlässigt haben.*

Was brauchen Sie zum Netzwerken?

Das Schöne ist: Wir müssen nicht von ganz vorn anfangen. Jeder von uns hat schon ein Beziehungsgeflecht an Freunden, Kollegen und Bekannten. Es heißt also, auf bereits Bestehendes aufzubauen und weiterzuarbeiten. Wie bei allen neuen Fertigkeiten gilt das auch für die Beziehungspflege.

Je öfter Sie sich in dieser neuen Verhaltensweise üben, desto einfacher wird es und desto schneller ist diese Fähigkeit in Ihren Tagesablauf integriert.

Doch welche Kompetenzen brauchen wir tatsächlich, um gute Netzwerker zu sein? Laut einer Studie über Netzwerkkompetenzen braucht ein Netzwerker folgende Fähigkeiten: An erster Stelle stehen Kommunikation und Offenheit, danach folgen gleich Selbstbewusstsein und Aufgeschlossenheit für Neues, und zuletzt werden die Faktoren Fachkompetenz und Vertrauen genannt.

Diese Kompetenzliste für Netzwerker habe ich erweitert und für Sie als Checkliste verfeinert (als Download auch auf www.seilschaften.at abrufbar):

Netzwerkkompetenz-Checkliste

Organisationskompetenz	**sehr gut**	**gut**	**Defizit**
Terminplanung			
Vorbereitung auf Netzwerktermine			
Nachbearbeitung der Termine			
Einhalten von Zusagen, Pünktlichkeit …			
Visitenkarten griffbereit haben			

Soziale/emotionale Kompetenz	**sehr gut**	**gut**	**Defizit**
Freundlichkeit, gute Manieren			
Beobachtungsgabe			
Offen für neue, andere Ideen			
Ich vermittle Kontakte			

Überzeugendes Auftreten	**sehr gut**	**gut**	**Defizit**
Angemessene Kleidung, Outfit			
Klare, natürliche Sprache			
Ich mache Komplimente, lobe			
Stolz auf mein Produkt, meine Firma			
Den Nutzen des Produktes kennen und vermitteln			

Kommunikationsfähigkeit	**sehr gut**	**gut**	**Defizit**
Fragen im Gespräch aktiv verwenden			
Aktives Zuhören			
Gemeinsamkeit im Gespräch finden			
Gute Erreichbarkeit			
Gegenüber mit dem Namen ansprechen			

Und jetzt lassen Sie es bitte nicht bei den Kreuzerln sein, sondern überlegen Sie: Was werden Sie ab wann in Zukunft wie verbessern? Und: Wie werden Sie es tun?

Meine nächsten Schritte werden sein: ____

____

____

____

____

____

____

____

Meine Terminplanung schaut folgendermaßen aus: ____________________________

____

____

____

____

____

____

____

Übertragen Sie Ihre Notizen in Ihre To-do-Liste! Und beginnen Sie am besten sofort!

Arten und Typen von Netzwerken

Horizontales und vertikales Netzwerken In ihrer 2004 in den USA durchgeführten Studie zum Netzwerkverhalten von Studenten aus unterschiedlichen Staaten (Hongkong, Singapur und USA) definieren die beiden Psychologen A. Hwang und Eric H. Kessler horizontales Netzwerken als den Aufbau von Beziehungen zu hierarchisch Gleichgestellten, Untergeordneten oder insgesamt weniger Mächtigen, in diesem Fall zu Studienkollegen. Als vertikales Netzwerken bezeichnen sie den Aufbau von Beziehungen zu hierarchisch Übergeordneten oder insgesamt Mächtigeren, in diesem Fall zu Universitätslektoren. Sie kommen dabei zu zwei wesentlichen Ergebnissen.

Das überraschende Resultat ist, dass Studenten aus kollektivistischen Kulturen (Hongkong und Singapur) nicht stärker zum Netzwerken neigen als Studenten aus individualistischen Kulturen (USA). Die Begründung für das Netzwerken selbst ist zwar anders gelagert, das Ergebnis jedoch ist das gleiche.

Als weiteres Ergebnis stellen sie fest, dass sowohl horizontales wie auch vertikales Netzwerken zu einer Verbesserung der Notenleistung führt. Egal, ob die Studenten dazu tendieren, mit ihren Kommilitonen (horizontal) oder mit den Professoren (vertikal) zu netzwerken: Wenn sie netzwerken, dann verbessern sich ihre Noten.

Offene bzw. geschlossene Netzwerke – die Netzwerkpyramide

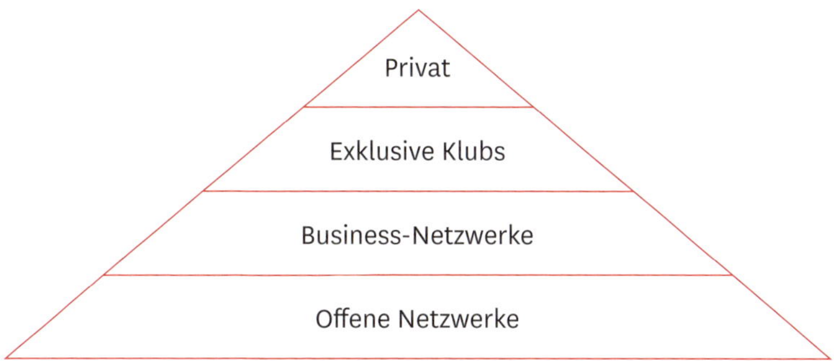

Aus dieser Pyramide werden die Zugangsbarrieren für Netzwerke ersichtlich: Keinerlei Zugangsbarrieren sind auf der untersten Stufe der Pyramide zu finden, je weiter nach oben man kommt, desto schwieriger gestaltet sich die Möglichkeit des Eintritts in ein Netzwerk. Das Interessante dabei: Je mächtiger, wichtiger und einflussreicher die einzelnen Personen sind, desto eher wird man sie im oberen Bereich der Pyramide antreffen.

Die *offenen Netzwerke* an der Basis der Pyramide sind für jedermann zugänglich. Dazu gehören Vereine jeder Art, sei es sportlicher, kultureller oder auch politischer Natur. Sinnvoll ist nur, dass man bei einem Beitritt auch den Zweck bzw. das Interesse des Vereins teilt.

Dann kommen die *Business- und Branchennetzwerke*. Egal, welchen Beruf Sie ausüben, für jeden gibt es branchenübliche Netzwerke, bei denen Sie dabei sein sollten, um wichtige Fachinformationen zu erhalten und am neuesten Stand zu sein. Dazu gehören auch die Interessenvertretungen wie Wirtschaftskammer, Arbeiterkammer, Landwirtschaftskammer und Industriellenvereinigung, aber auch die Gewerkschaft. Für meinen Bereich gibt es verschiedene Trainer- und Coaching-Dachverbände sowie die GSA, die German Speakers Association.

Tipp: *Informieren Sie sich über Ihre Branchenverbände und werden Sie aktives Mitglied in mindestens einem davon.*

Nicht zu vergessen sind die Alumni-Vereinigungen, die Absolventenorganisationen der Universitäten, die viele Veranstaltungen organisieren, bei denen Sie immer wieder alte Studienkollegen wiederfinden und treffen können.

In der Pyramide weiter oben folgen die *exklusiven Klubs*, die oft auch eine soziale Komponente haben. Hier kann nur derjenige Mitglied werden, der dazu aufgefordert bzw. empfohlen oder gefragt wird. Derartige Mitgliedschaften sind oft mit höheren finanziellen Beiträgen und zeitlichen Ressourcen verbunden. Dazu gehören die Rotarier, Lions, Schlaraffen, Kiwanis, Zonta, Soroptimisten, Burschenschaften, katholische Verbindungen und viele mehr. Nähere Informationen darüber finden Sie im Kapitel „Netzwerke in Österreich – Eine Übersicht".

An der Spitze stehen dann die *privaten exklusiven Einladungen*, die von Firmen oder Privatpersonen ausgerichtet werden. Ein Beispiel dafür ist der Zigarrenclub der Firma Pleon Publico, der von *Wolfgang Rosam* ins Leben gerufen wurde. Lassen wir ihn dazu selbst sprechen:

„Ich liebe es, Menschen zusammenzubringen. Der Zigarrenclub war das erste professionelle Netzwerk dieser Art, bei dem sich Wirtschaft, Politik und Medien getroffen haben. Alle anderen sind Nachahmungen. Wir waren die Ersten. Und aus „ZC“ konnte man wunderbare Wortspiele machen. Zum Beispiel Zentralcomitee ...
Das Besondere daran war die regelmäßige Frequenz der Treffen, und zwar jeden Montag. Und das Programm stand schon im Vorhinein für vier Wochen fest. Mindestens zwei Veranstaltungen waren immer sehr spannend angelegt, dann wieder war es auf Wunsch der Teilnehmer einfach ein „get together“. Wir haben es sehr großzügig organisiert und alle bewirtet – inklusive der Zigarren. Genial war die mediale Berichterstattung. Wir bekamen jede Woche exklusive Meldungen, und die Politiker fragten an, ob sie kommen dürften, vor allem in Wahlkampfzeiten.“

Private Netzwerke finden auch wirklich im Privaten statt – meist in Form von Einladungen ins eigene Heim. Bei einem bekannten Politiker findet zum Beispiel immer im Jänner ein Eisstockschießen statt. Der Termin ist genial, weil die Weihnachtsferien schon fast zu Ende sind, und die meisten haben schon wieder Zeit. Begonnen hat diese Veranstaltung als ein kleines Fest mit fünf Freunden, die gemeinsam vor dem Haus Eisstock schossen. Nach und nach kamen immer mehr dazu, und inzwischen ist es ein Event, zu dem das Who is Who aus Politik, Wirtschaft und Medien eingeladen wird und auch hinkommt. Zu ihm nach Hause und nur auf eine persönliche Einladung hin.
Wolfgang Rosam empfiehlt ebenso die Öffnung des eigenen Hauses:

„Eine Einladung nach Hause erzielt den zehnfachen Effekt, denn es ist die Öffnung der persönlichen Intimsphäre. Ich zum Beispiel organisiere Weinverkostungen für zehn bis zwölf Manager.
Bei Essenseinladungen zu Hause ist auf einiges zu achten, vor allem dann, wenn Paare eingeladen werden. Die Beeinflusser des Netzwerkes sind die Partner, ihre Urteile zählen. Deshalb sollte auf die Größe und Zusammensetzung der Runde geachtet werden. Die Gäste sollten auch nicht gemischt werden, das heißt niemals Business mit Privat verbin-

den. Besonders auf die Sitzordnung ist großes Augenmerk zu legen. Wer kennt wen, können sie miteinander, wer passt zu wem?"

Wissens- oder gewinnorientierte Netzwerke Bevor wir uns für ein Netzwerk entschließen, sollten wir uns immer klar sein, was wir davon erwarten, welches Ziel wir damit verfolgen. Wollen wir nur Informationen und Wissen austauschen? Dafür gibt es Unmengen von Plattformen, denen wir uns zuwenden können.

Oder wollen wir ein Geschäft generieren und mit dem Netzwerk unseren Umsatz steigern, wie es zum Beispiel BNI, Business Network International, verfolgt. Nichts ist schlimmer, als wenn Sie in einem Netzwerk landen und sich gegenseitige Empfehlungen erwarten, die anderen Partner aber nur daran interessiert sind, sich inhaltlich auszutauschen. Sie werden schnell die Freude daran verlieren, Ihre Zeit vergeuden und sich ärgern. Also: Werden Sie sich klar über Ihre Erwartungen und informieren Sie sich vorab ausreichend über die Zielsetzung des jeweiligen Netzwerks, für das Sie sich interessieren.

Durchsetzungs-, Unterstützungs- und Reputationsnetzwerke Der Top-Unternehmensberater Felix Reiners unterscheidet drei Stile, die man beim Netzwerken verfolgen kann: das Durchsetzungsnetworking, das Unterstützungsnetworking und das Reputationsnetworking. Bei der Auswahl der richtigen Networkingstrategie gilt generell, dass diese an das Umfeld, die jeweilige Aufgabe, die Karriereziele und -präferenzen, die Persönlichkeit und die sozialen Kompetenzen der Person angepasst werden muss.

Beim *Durchsetzungsnetworking* dient das eigene Netzwerk dazu, für sich selbst direkt einen Nutzen zu erzielen. Erklärtes Ziel ist die Erringung von Macht und Dominanz. Dies geschieht durch gezielte Einflussnahme und Überzeugungsarbeit. Wer diese Strategie verfolgt, tendiert dazu, strategische Allianzen mit hierarchisch Übergeordneten zu bilden und gezielt Einfluss auf Untergeordnete auszuüben. Dieses Vorgehen ist sehr offensiv und führt häufig zu Gegenwehr und somit zu Machtkämpfen. Es handelt sich dabei um eine direkte Strategie, welche Eindeutigkeiten in den Beziehungen zu anderen schafft und somit auch negative Folgen haben kann. Kate Ludeman, eine sehr erfolgreiche

US-amerikanische Unternehmensberaterin, beziffert den Anteil jener Manager, welche auf diese Art der Strategie setzen, mit 70 Prozent. Aufgrund der Kurzfristigkeit dieser Taktik kommt es oft vor, dass jene Manager, welche sie verfolgen, nicht lange in einer Position verharren. Es kann sich zum Beispiel um Krisenmanager handeln, die in schwierigen Zeiten eingreifen, um sich dann wieder eine neue Aufgabe zu suchen.

Wie weit ein Manager aufsteigt, ist auch eine Frage seiner Verbindungen – nur mag dies kaum einer zugeben. (Manager Magazin, 4/2003)

Wer eine langfristige Strategie verfolgt, bedient sich zumeist des *Unterstützungsnetworkings*. Hier steht die Suche nach dem Konsens im Vordergrund. Dieser Networkingstil äußert sich vor allem im horizontalen Netzwerken mit Mitgliedern gleicher Hierarchiestufen: Man sucht Verbündete und baut langfristige Allianzen auf. Die Frage danach, wer unterstützend wirken kann, ist hier ganz wesentlich. Die Ziele werden langfristig gesteckt, und man sucht nach dauerhaftem Vertrauen. Der Zugang zu einem breiteren Spektrum an Informationen fällt durch diesen Stil leichter, da er nicht so direkt und konfrontativ ist. Häufig betreiben diese Art von Networking die Gegner des Durchsetzungsnetzwerkers. Mitarbeiter beispielsweise betreiben Unterstützungsnetworking, um sich gegen einen dominanten Vorgesetzten behaupten zu können.

Das *Reputationsnetworking* dient der Profilierung. Wie schon der Name sagt, geht es dabei vor allem um eine Stärkung des individuellen Rufs und der eigenen Position und Rolle. Verglichen mit den beiden anderen Stilen wirkt diese Strategie besonders karriereförderlich. Wer sie verfolgt, verbindet die Vorteile der beiden anderen Stile. Zum einen gilt das Bestreben der Suche nach starken Verbündeten, welche in der Organisation bereits meinungsführend sind, und zum anderen der Übernahme von Verantwortung und Meinungsführung selbst. Dabei wird sowohl auf horizontales wie auch vertikales Netzwerken zurückgegriffen, weil es weniger um direkte Macht als um die Anerkennung der eigenen Person geht. Diese Anerkennung findet der Netzwerker in allen Richtungen in der Hierarchie. Das Reputationsnetworking ist besonders dann erfolgreich, wenn es dem Netzwerker gelingt, eine Balance zwischen seinen Kontakten herzustellen. Dazu Felix Reiners: „Ausgeglichen heißt, dass neben starken, verbindlichen Kontakten auch schwache, unverbindliche Beziehungen zum Netzwerk gehören."

Autonomes, introvertiertes, extrovertiertes und balanciertes Netzwerk In diesem Kapitel folge ich den Ausführungen der bereits oben erwähnten Netzwerkexperten Felix Reiners, der Netzwerke als Handlungsräume der Strategien ihrer Akteure in vier Typen einteilt. Diese Typen unterscheiden sich in den Dimensionen der Bedeutung überbrückender Beziehungen und in der Bedeutung einbindender Beziehungen für das Netzwerk. „Einbindende Beziehungen richten sich nach innen und häufig an einen relativ kleinen Kreis enger Vertrauter (Freundschaft). Sie beruhen auf geteilten Werten, verbindlichen Normen und persönlicher Nähe. Einbindende Beziehungen verleihen einem Netzwerk Tiefe und werden als Quelle von Unterstützung und Zusammenhalt aufgebaut. Überbrückende Beziehungen gehen nach außen und bleiben eher oberflächlich, spielerisch und unverbindlich (Bekanntschaften). Sie verleihen einem Netzwerk Breite, indem sie Brücken zu entfernteren Personen und Beziehungsnetzwerken bilden. Überbrückende Beziehungen dienen als Antennen für neue Ideen und Gelegenheiten."

Die vier Typen von Netzwerken sind das autonome Netzwerk, das introvertierte Netzwerk, das extrovertierte Netzwerk und das balancierte Netzwerk. Im Folgenden wird auf die einzelnen Typen genauer eingegangen.

In einem *autonomen Netzwerk* werden sowohl überbrückende als auch einbindende Beziehungen nicht als bedeutsam erachtet. Das Individuum sieht sich eher als eigenständig und nicht als in ein Netzwerk eingebunden an. Mikropolitische Vorgänge werden nicht anerkannt und dementsprechend auch nicht genützt.

Im *introvertierten Netzwerktypus* stellt das Individuum Kontakte her, um aus diesen direkt einen Nutzen zu ziehen. Die persönliche Bindung zu den Interaktionspartnern ist groß, und der überbrückende Charakter ist gering. Daher ist dieser Netzwerktypus ein Refugium für den Einzelnen, geprägt von hohem Vertrauen und Nähe. Die Werte- und Normenstruktur ist ausgeprägt und eine vertrauliche Atmosphäre bietet Sicherheit. Der Austausch untereinander ist stark, wodurch die Mitglieder eines solchen Netzwerks profitieren. Die Risiken bestehen hier vor allem im hohen Zeitaufwand und der geringen Anzahl der Netzwerkmitglieder. Die Kontakte nach außen sind eher gering, und der individuelle Handlungsraum ist begrenzt. Konventionen bremsen Innovationspotenzial und machen den Gesamtkontext schwieriger zu erkennen.

Im *extrovertierten Netzwerk* werden Kontakte hergestellt, um für andere Kontakte einen Nutzen zu erzeugen. Diese Art des Netzwerkens dient meist der Vergrößerung des eigenen Netzwerks, der Konsolidierung der eigenen Person in sozialen Systemen und der umfassenden Informationsgewinnung. Die Bindung zu den einzelnen Personen ist hier eher gering, das Durchblicken der Struktur steht im Vordergrund. Dieser Netzwerktypus ist durch seine Offenheit Innovationen gegenüber förderlich. Der verbindende Charakter unterschiedlicher Einheiten bietet einen größeren Zugang zu breiterer Erfahrung und lässt den Gesamtkontext im Auge behalten. Durch die geringere personelle Bindung ist ein höheres Maß an Flexibilität gegeben. Die Risiken des Netzwerktyps finden sich in der geringen Tiefe der Kenntnisse über ein breites Feld hinweg. Zudem ist individuelle Kooperation schwierig, da Kontakte eher locker gehalten werden. Dies hat auch zur Folge, dass sich der Netzwerktyp rasch wieder auflösen kann. Das Vertrauen dem Interaktionspartner gegenüber ist insgesamt gering, wodurch sich mangelnder Rückhalt ergibt.

Die Ausgewogenheit zwischen introvertiertem und extrovertiertem Netzwerktypus bildet der *balancierte Netzwerktypus*. Er vereint deren Vorteile, nicht jedoch deren Nachteile. Dazu ist jedoch ständiges Hinterfragen der Kontakte und der Eigenarten des Netzwerkes gefordert.

Operatives, persönliches und strategisches Netzwerken Die Wirtschaftsprofessoren Herminia Ibarra und Mark Hunter unterscheiden drei Formen des Netzwerkens, die Manager verfolgen können und die voneinander abhängig sind.

Das *operative Netzwerken* umfasst nach ihrer Definition zum Beispiel direkte Untergebene und Vorgesetzte, nebengeordnete Entscheidungsträger, externe Lieferanten und Kunden, also all jene, mit denen die Manager in ihrer organisationalen Aufgabe direkt zu tun haben und die Einfluss auf die eigene Arbeitsleistung nehmen können. Operatives

Networking „stellt die Zusammenarbeit zwischen Menschen sicher, die einander kennen und vertrauen müssen, um ihre Aufgaben zu erledigen," so die beiden Experten. Die Grenzen dieser Netzwerke stellen sich vor allem in der mangelnden Zukunftsorientierung und Innovationsfähigkeit dar.

Persönliches Networking überschreitet die Grenzen des operativen Networkings, indem es sich nicht nur mit der organisationalen Tätigkeit beschäftigt, sondern nach Gleichgesinnten außerhalb der eigenen Organisation sucht. Es fügt somit der individuellen Netzwerktätigkeit ein innovatives Moment hinzu. Das persönliche Networking bezieht seine Stärke aus der Fähigkeit, Empfehlungen zu generieren. Ibarra und Hunter meinen, dass das persönliche Netzwerk „aus verwandten Seelen außerhalb der eigenen Organisation besteht. Ein persönliches Netzwerk kann auch ein sicherer Raum für die eigene Entwicklung sein und als solcher eine Grundlage für strategisches Networking darstellen."

Strategisches Networking geht noch einen Schritt weiter. Es bildet ein Netzwerk aus langfristigen Partnerschaften, welche den eigenen Zielen in zukünftigen Situationen dienen können. Dabei kann bewusst indirekter Einfluss auf entfernte Entscheidungsträger ausgeübt werden. Strategisches Networking „bindet Führungskräfte in ein Geflecht aus Beziehungen und Informationsquellen ein, die kollektiv die Macht verkörpern, persönliche und organisatorische Ziele zu erreichen."

Teil 2:
Die Regeln der Seilschaften
So erobern Sie jedes Netzwerk

Immer wieder werde ich von den Teilnehmern meiner Trainings zum Thema Netzwerken mit Aussagen wie dieser konfrontiert: „Ich kann doch nicht einfach mir fremde Menschen ansprechen." Diese Leute – und es sind viele – haben Hemmungen, auf andere Menschen zuzugehen. Hier ist es wie bei jeder verpassten Gelegenheit. Was kann Ihnen im schlimmsten Fall passieren? Bitte überlegen Sie und notieren Sie, was Sie für den Worst Case halten.

Schlimmstenfalls könnte mir passieren, dass ______________________________

____

____

____

____

____

Was ist Ihnen dazu eingefallen? Ein desinteressiertes Gegenüber, jemand, der nicht mit Ihnen reden will, vielleicht ein angekratztes Selbstbewusstsein?

Und jetzt denken Sie noch darüber nach, was Ihnen im besten Fall passieren kann.

Im besten Fall könnte mir passieren, dass ______________________________

____

____

____

____

____

Genau das ist es: Sie machen eine neue Bekanntschaft – vielleicht ein neuer interessanter Kontakt, eine Person, die jemanden kennt, den Sie schon lange kennenlernen wollten, oder jemand, der Ihnen schlicht und einfach sympathisch ist, den Sie bald wieder treffen wollen.

Ich wiederhole: Jeder kann netzwerken lernen, Sie müssen es nur wollen, die folgenden Regeln beachten – und wie bei allen anderen Tätigkeiten: Üben!

Regel 1: Seien Sie aufmerksam und ehrlich!

Zeigen Sie Ihrem Gesprächspartner gegenüber immer Ihre Wertschätzung und seien Sie aufmerksam. Hören Sie genau zu, stellen Sie offene Fragen. Zeigen Sie Interesse. So fühlt sich Ihr Gegenüber ernst genommen und wichtig. Beobachten Sie sich einmal während eines Gesprächs: Hören Sie wirklich hin, oder schweifen Ihre Gedanken ab? Ich zum Beispiel ertappe mich sehr oft dabei, zwar mit dem Kopf zu nicken, doch nicht wirklich aufmerksam zu sein. Wir sind nicht ganz konzentriert, beschäftigen uns mit unseren Argumenten, denken oft schon an den nächsten Termin. Kurz: Wir sind nicht beim anderen. Wenn Sie aber wirklich zuhören, sich auf ihren Gesprächspartner konzentrieren, bin ich mir sicher: Sie werden Dinge erfahren, die Ihnen sonst nicht zu Ohren gekommen wären.

Aufmerksamkeitsübung: *Wer an seiner Partnerschaft arbeiten will, dem kann ich diese Übung wärmstens ans Herz legen: Sie brauchen sich dafür gemeinsam mit Ihrem Partner nur eine Stunde in der Woche Zeit nehmen. Während dieser Stunde spricht jeder fünf Minuten lang, ohne dass ihn der andere unterbricht, Fragen stellt oder an etwas anderes denkt. Nach fünf Minuten wird gewechselt. Sie werden merken: Man muss erst lernen, richtig zuzuhören, wenn ein anderer fünf Minuten lang spricht – und das im Wechsel, eine ganze Stunde lang. Ziehen Sie diese Übung durch, und Sie werden sehen: Ihre Partnerschaft bekommt neuen Schwung!*

Ein weiterer entscheidender Punkt: Sagen Sie nichts, was Sie nicht wirklich meinen. Machen Sie keine Komplimente, die nicht ehrlich sind: Loben Sie weder ein Kleid noch ein Schmuckstück, das Sie gar nicht hübsch finden. Geben Sie keine Antworten, nur weil Sie meinen, dass Ihr Gegenüber das hören will. Das ist übrigens eine Eigenschaft, die ich bei Politikern sehr oft beobachtet habe. Einem Anliegen zuzustimmen, nur um im Moment positiv dazustehen, ist zwar angenehm, doch auf die Dauer bewährt es sich nicht. Es spricht sich herum, dass Sie Dinge zusagen, die Sie nicht einhalten können.

Denken Sie an die Empfehlung des Expolitikers *Günter Dörflinger*, der – wie auch viele andere meiner Interviewpartner – meint:

„Netzwerke im positiven Sinn funktionieren nur dann wirklich, wenn sie auf Ehrlichkeit und Offenheit aufgebaut sind."

Regel 2: Zeigen Sie Interesse!

Man kann durch eigenes Interesse an anderen Menschen in zwei Monaten mehr Geschäfte machen als in zwei Jahren dadurch, dass man das Interesse anderer auf sich lenken will. (Dale Carnegie)

Interessieren Sie sich für andere Menschen, haben Sie Spaß daran, etwas über andere zu erfahren? Googeln Sie die Personen, die Sie treffen, um Anknüpfungspunkte zu finden. Notieren Sie sich ihre Geburtstage. Wer von uns freut sich nicht, wenn man uns zum Geburtstag gratuliert oder auf den letzten Artikel, den wir geschrieben haben, angesprochen werden? Oder auf das Projekt, das wir gemacht haben, oder was auch immer uns auszeichnet. Nein, das ist nicht Neugierde, sondern echtes Interesse.

Zuhören ist das wahre Schlüsselelement in der Kommunikation und für den Aufbau einer Beziehung notwendig. Nur wenn wir wirklich hinhören, kennen wir die Bedürfnisse, Probleme und Interessen unsers Gegenübers.

Das Interesse zeigt sich auch darin, dass Sie selbst und von sich aus aktiv Kontakte und Begegnungen herbeiführen. Nur wenn Ihre Gesprächspartner merken, dass Sie wirklich Anteil nehmen und konzentriert zuhören, können Sie aktiv Networking betreiben. Dazu gibt es ein besonders schönes Gleichnis aus Afrika, das uns zeigt: Nur arbeiten allein führt im Endeffekt nicht zum Erfolg.

Spuren am Weg – ein afrikanisches Märchen *Es war einmal ein Vater, der zwei Söhne hatte. Je älter und gebrechlicher er wurde, desto mehr dachte er über sein Leben nach. Und manchmal kamen ihm Zweifel, ob er seinen Söhnen wohl das Wichtigste für ihr Leben mitgegeben hatte.*
Weil ihn diese Frage nicht losließ, beschloss er, seine Söhne mit einem besonderen Auftrag auf eine Reise zu schicken. Er ließ sie zu sich kommen und sagte: „Ich bin alt und gebrechlich geworden. Meine Spuren und Zeichen werden bald verblassen. Nun möchte ich, dass ihr in die Welt hinausgeht und dort eure ganz persönlichen Spuren und Zeichen hinterlässt.“

Die Söhne taten, wie ihnen geheißen, und zogen hinaus in die Welt. Der Ältere begann sogleich eifrig damit, Grasbüschel zusammenzubinden, Zeichen in Bäume zu schnitzen, Äste zu knicken und Löcher zu graben, um seinen Weg zu kennzeichnen. Der jüngere Sohn jedoch

sprach mit den Leuten, denen er begegnete, er ging in die Dörfer und feierte, tanzte und spielte mit den Bewohnern. Da wurde der ältere Sohn zornig und dachte bei sich: „Ich arbeite die ganze Zeit und hinterlasse meine Zeichen, mein Bruder aber tut nichts."
Nach einiger Zeit kehrten sie zum Vater zurück.

Der nahm nun gemeinsam mit seinen beiden Söhnen seine letzte und beschwerliche Reise auf sich, um ihre Zeichen zu sehen. Sie kamen zu den gebundenen Grasbüscheln. Der Wind hatte sie verweht, und sie waren kaum noch zu erkennen. Die gekennzeichneten Bäume waren gefällt worden, und die Löcher, die der Ältere gegraben hatte, waren fast alle bereits wieder zugeschüttet. Aber wo immer sie auf ihrer Reise hinkamen, liefen Kinder und Erwachsene auf den jüngeren Sohn zu und freuten sich, dass sie ihn wiedersahen und luden ihn zum Essen und zum Feiern ein.

Am Ende der Reise sagte der Vater zu seinen Söhnen: „Ihr habt beide versucht, meinen Auftrag, Zeichen zu setzen und Spuren zu hinterlassen, zu erfüllen. Du, mein Älterer, hast viel geleistet und gearbeitet, aber deine Zeichen sind verblichen. Du, mein Jüngerer, hast Zeichen und Spuren in den Herzen der Menschen hinterlassen. Diese bleiben und leben weiter."

Was wir aus dieser Geschichte lernen können, liegt auf der Hand: Wir müssen Eigeninitiative und Engagement zeigen. Oder wie es der erfolgreiche Netzwerker *Ali Rahimi* in unserem Interview ausgedrückt hat:

„Um erfolgreich zu sein, musst du die Herzen der Menschen erobern ... Es geht um das Wollen, dass man mit Menschen reden und zusammenkommen will, dass man sich in den Kopf des anderen hineinversetzt und überlegt: ‚Was ist ihm wichtig, was braucht er?'"

Wer fragt – der führt!

Das geht am leichtesten mit Zuhören, Fragen stellen, Interesse zeigen. Jeder Mensch erzählt gern von sich. Aber lenken Sie das Gespräch ruhig in eine Richtung, die auch Sie interessiert und die für Sie spannend ist.

Regel 3: Bauen Sie Vertrauen auf!

Beziehungen und Geschäftskontakte können sich nur langfristig ergeben, wenn die Personen zueinander Vertrauen gefasst haben. Wie bauen wir Vertrauen auf? Stellen Sie sich einfach die folgenden Fragen: Welchen Menschen vertraue ich? Welche Eigenschaften müssen sie besitzen? Füllen Sie die Zeilen aus, bevor Sie weiterlesen!

Ich vertraue anderen Menschen, wenn ______________________________

____

____

____

____

____

____

Fragen Sie auch andere Personen, Bekannte, Freunde, welchen Leuten sie vertrauen, und fügen Sie das Ihrer Liste bei.

Jetzt überlegen Sie, aber bitte versuchen Sie, wirklich ehrlich zu sich selbst zu sein:

Welche dieser Kriterien erfülle ich? ______________________________

____

____

____

____

____

____

Wo besteht Verbesserungsbedarf? ______________________________

____

____

____

____

____

____

Folgt man der Kommunikationstrainerin Ilse Wagner, ist Vertrauen ein wichtiger Erfolgsfaktor. In ihrem Buch „Wer Erfolg hat, ist selber schuld" beschreibt sie, wie Sie gleich beim Erstkontakt Vertrauen gewinnen können.

→ *Stellen Sie sich so vor, dass Sie Ihr Gegenüber aufwerten.* Nennen Sie die Gesprächspartner beim Namen. Stellen Sie sich selbst mit Vor- und Zunamen vor – und das klar und deutlich.

→ *Seien Sie freundlich:* Verwenden Sie Wörter wie „bitte" und „danke" und „gerne" und lächeln Sie.

→ *Loben Sie Ihren Gesprächspartner:* „Gut, dass Sie das sagen." Oder:
„Ich habe schon viel von Ihnen gehört."
„Danke für den Hinweis, das hilft mir weiter."
Zeigen Sie Interesse und stellen Sie Fragen. Hören Sie aktiv zu. Nicken Sie, fragen Sie nach: „Was verstehen Sie genau darunter?"

→ *Fassen Sie zusammen:* „Soweit ich Sie richtig verstanden habe …"

→ *Verwenden Sie Zauberwörter.* Das sind positive Formulierungen und Wörter, die auch den Gesprächspartner aufwerten. Sätze, die wir alle gerne hören:
„Da haben Sie recht …"
„Da kann ich Sie gut verstehen …"
„Diese Frage ist berechtigt …"
„Gut, dass Sie mich daran erinnern …"
„Da sprechen Sie einen ganz wichtigen Punkt an …"
„Vielen Dank für den Hinweis …"

Regel 4: Geben Sie zuerst!

Zuerst Geben und dann Nehmen – das ist die Maxime. Wenn Sie sich zuerst und ohne Hintergedanken für andere einsetzen und ihnen helfen, zeigen Sie Ihr persönliches Engagement. Nur wenn Sie sich an diese Regel halten, werden Sie erleben, dass andere Ihnen bereitwillig helfen, wenn es für Sie darauf ankommt.

Androklus und der Löwe (nach George Bernhard Shaw) *Androklus war der Sklave des Proconsuls der römischen Provinz Africa. Da er von seinem Herrn misshandelt wurde, floh er und versteckte sich in einer Höhle. Kurze Zeit später kam auch ein Löwe in diese Höhle, der an der Pranke verletzt war. Er kam auf Androklus zu und streckte ihm die Pranke entgegen, so als bitte er ihn um Hilfe. Androklus entfernte einen Dorn, und der Löwe war bald wieder wohlauf. Von nun an blieben sie zusammen. Der Löwe teilte mit Androklus seine Beute, der das Fleisch in der Sonne trocknete, da ein Feuer sein Versteck verraten hätte.*

Nach drei Jahren jedoch verließ er die Höhle und wurde von Soldaten festgenommen, nach Rom gebracht und zum Tode durch die Tierhetze im Circus Maximus verurteilt. Doch der Löwe, mit dem er in der Arena kämpfen sollte, war derselbe, mit dem er zusammen in der Höhle gelebt hatte. So wurde er nicht gefressen, sondern das Tier kam auf ihn zu und leckte ihm die Füße. Daraufhin wurde er begnadigt und erhielt den Löwen als Geschenk, den er von nun an an der Leine durch die Stadt führte.

So alt wie diese Geschichte, so wichtig ist diese Regel, nämlich einer der Grundpfeiler für Ihren Erfolg. Wenn Sie diesen Grundsatz konsequent anwenden und immer zuerst überlegen, was Sie für den anderen tun können, machen Sie sich für ihn interessant. Ich selbst biete meinen Kunden immer Vorleistungen an, ohne gleich dafür Gegenleistungen zu verlangen.

Tipp: *Überlegen Sie bei für Sie wichtigen Gesprächspersonen zuerst: „Was kann ich für ihn tun?", und nicht: „Wie kann er mir helfen?"*

Wolfgang Rosam sagt dazu:

„Ich denke immer darüber nach, was ich für den anderen tun kann. Ich liebe es, ein großes Habenkonto aufzubauen, das ist ein altes Mafiaprinzip. Denken Sie daran, wie Don Corleone zu einem Mann, dem er gerade einen Job besorgt hat, auf dessen Frage ‚Was kann ich für dich tun, Pate?', mit seiner bekannten, tiefen Stimme sagt: ‚Nichts im Moment, aber zu gegebener Zeit werde ich mich melden.'"

Regel 5: Machen Sie den ersten Schritt!

„Mit mir will ja keiner reden." Diesen Satz höre ich immer wieder als Argument, warum wir nicht mit anderen Menschen ins Gespräch kommen können oder wollen. Überlegen Sie: Wie fühlen Sie sich, wenn Sie bei einer Veranstaltung allein am Tisch stehen? Ärgern Sie sich, wenn Sie jemand anspricht? Oder sind Sie eher erfreut? Die normale Reaktion ist, dass wir uns freuen, wenn ein anderer den ersten Schritt macht, auf uns zukommt und ein Gespräch beginnt. Und dabei gibt es ganz einfache Regeln und Vorgehensweisen, damit Sie Meister im Small Talk werden können. Machen Sie ihre Gespräche zu einem Erlebnis, seien Sie positiv und aufmerksam, und Sie werden sehen: Die Kontaktvermehrung kommt von allein. Wie Sie geübt und selbstsicher im Small Talk werden, lesen Sie in Teil drei.
Bei meinen Interviews für dieses Buch mit maßgeblichen Managern und Persönlichkeiten, die in Österreich etwas zu sagen haben, versicherten mir alle, dass sie bereit seien, fremden Personen Termine zu geben. An dieser Stelle möchte ich zwei Statements zu diesem Thema bringen, die deutlich machen sollen, dass Sie sich über Ihre Gesprächspartner im Vorhinein erkundigen sollten.

Christian Konrad zum Beispiel antwortete auf die Frage: „Wie sollen die Menschen auf Sie zugehen?", mit folgenden Worten:

„Mit dem Anliegen direkt zur Sache kommen – klar wissen, was er will, so soll jemand zu mir kommen. Dann hört er von mir ein klares Ja oder Nein. Wenn das nicht passiert, werde ich ungeduldig und frage schnell nach: ‚Was möchten Sie eigentlich, dass ich für Sie tue?'"

Er will es also kurz und bündig. Und natürlich wird die Sache einfacher, wenn jemand den Zugang über eines seiner Netzwerke sucht, wie zum Beispiel die Jagd oder eines seiner kulturellen Unterstützungsprojekte – so jemand hat er noch nie einen Termin verweigert.

Uschi Fellner imponieren Beharrlichkeit und Ausdauer:

„Bei mir melden sich immer wieder junge Frauen für Interviews, für Studien oder andere Sachen. Da ergeben sich oft zusätzliche Synergien. Meine heute beste

Mitarbeiterin kam wegen eines Interviews zu mir, und sie war wahnsinnig lästig, sie ist dreimal aufgetaucht. Diese Hartnäckigkeit hat mir imponiert, denn es gehört großer Mut dazu, immer wieder anzuklopfen. Und beim vierten Mal hat es dann geklappt. Und sie ist bei mir picken geblieben, hat eine erfolgreiche journalistische Laufbahn begonnen und ist heute Chefredakteurin."

Wenn Sie jemanden neu kennengelernt haben, geht es in der Folge abermals darum, wieder den ersten Schritt zu machen und sich in Erinnerung zu rufen, sich zu melden. Warten Sie nicht darauf, dass die für Sie interessanten Personen anrufen, denn da können Sie unter Umständen warten, bis Sie schwarz werden. Auch in diesem Fall liegt es an Ihnen, sich zu melden und einen Termin zu vereinbaren.

Regel 6: Finden Sie Verbündete!

Werden Sie zu einem Netzwerkknotenpunkt.

In jedem Netzwerk gibt es Knotenpunkte. Sie haben zwei Optionen: Entweder Sie werden selbst zu einem Netzwerkknotenpunkt, indem Sie Menschen miteinander verbinden und um Rat und Hilfe gefragt werden. Oder Sie schauen, dass sie an einem andocken können.
Denken Sie daran, dass es in jedem Netzwerk viele Leute gibt, die Sie kennen, die an Sie glauben und die bereit sind, sich für gemeinsame Ideen einzusetzen und sich mit Ihnen zu verbünden – nur so kann es funktionieren. Und diese Leute sind dann auch oft diejenigen, die uns anderen empfehlen. Deshalb sollten wir sie auch besonders beachten und behandeln. Wenn Sie noch niemanden haben, der Sie empfiehlt, fangen Sie noch heuer damit an, mindestens einen zu finden, und jedes Jahr einen mehr – und Sie werden sehen: Die Aufträge multiplizieren sich. Wenn Sie jemanden gefunden haben, halten Sie mit ihm Kontakt, behandeln Sie ihn bevorzugt. Es reicht nicht aus, Veranstaltungen zu besuchen, Leute kennenzulernen, Sie müssen danach auch mit ihnen in Kontakt bleiben,

TIPP: *Machen Sie sich eine Liste, wen Sie in welchen Branchen kennen. Und zwar so gut kennen, dass Sie jederzeit um Rat und Hilfe bitten können. Wenn Sie für gewisse Bereiche niemanden haben, überlegen Sie, wen Sie nur oberflächlich kennen, ob Sie diese Beziehung ohne Probleme vertiefen können, oder wen Sie kennen, der wieder jemand kennt. Machen Sie sich einen Aktivitätenplan, wie Sie Ihr Netzwerk diesbezüglich ergänzen und verbessern werden. Aber bitte gleich konkret: wen, wie und bis wann!*

sonst verlieren Sie diese Investition wieder. Es sollte gleich eine Essensverabredung nachfolgen.

Sie sollten auch darauf achten, mit unterschiedlichsten Menschen und Branchen verknüpft zu sein, um Hilfe in allen Lebenslagen zu erhalten. Außerdem ist jeder dankbar, wenn Sie einen guten Anwalt oder Handwerker weiterempfehlen – eine klassische Win-win-Situation! Überprüfen Sie deswegen Ihr Netzwerk auf:

→ *Ärzte* unterschiedlichster Fächer für gesundheitliche Fragen

→ *Rechtsanwälte* für juristische Probleme

→ *Steuerberater* für alle finanztechnischen Herausforderungen

→ *Medien, Journalisten, PR-Verantwortliche* für Ihren Auftritt nach außen

→ *Lobbyisten* oder *Connectors*, denn die sind meist Netzwerkknotenpunkte, da sie davon leben; Sie brauchen sie zum Andocken

→ *Handwerker* für Reparaturen aller Art

→ *IT-ler* für computertechnische Fragen

Mentoren als Karriereturbo Jeder von uns kann, wenn er will, Mentoren finden. Mentoren sind Personen, die in einer Branche oder einer Firma erfolgreich sind, die sich der Berufseinsteiger annehmen und sie unterstützen. Das System ist nicht neu, das gab es schon in der Antike, denken Sie an Julius Cäsar und Marc Aurel oder in der Wirtschaft an Henry Ford II. und den späteren Chrysler-Chef Lee Iacocca.

Tipp: *Menschen, die Mentoren haben, die die Unterstützung und den Rat von Älteren suchen, haben die besten Chancen, erfolgreich zu sein. Ich kann Ihnen nur empfehlen: Wenn Sie irgendwo neu einsteigen, suchen Sie sich aktiv einen Mentor, erkundigen Sie sich nach Mentorenprogrammen, die es in immer mehr Firmen gibt. Es zahlt sich aus.*

Viele junge Menschen konnten es nur deshalb weit bringen, weil ein Versierter sich ihrer angenommen hat. Der Mentee profitiert von dem Wissen, den Lehren und erhält Ratschläge und Unterstützung. Der Mentor seinerseits bekommt einen Jünger, der ihm sicher lange dankbar sein wird, und sein Erfolg wird auf ihn abfärben, wenn er in der Lage ist, die Eigenständigkeit und die Erfolgswege des Jüngeren zu akzeptieren.

Wenn Sie sagen, Sie haben keinen Mentor, dann fangen Sie in der Familie an: Es gibt immer einen Freund der Familie, den alle um Rat fragen, der schon Berufserfahrung hat und über ein Beziehungsnetz verfügt. Das kann ein Anwalt sein, ein Banker, ein erfahrener Unternehmer. Die meisten fühlen sich geschmeichelt, wenn Sie sie immer wieder um ihre Meinung fragen, um berufliche Ratschläge.

Ich selbst habe meinen politischen Einstieg und Aufstieg meinem Mentor Michael Schmid zu verdanken, der mich als damaliger Landesobmann als blutjunge 25-Jährige in die steirische Landespolitik holte. Unser Mentorenverhältnis hat so lange funktioniert, so lange ich nicht eigenständig gedacht und brav alle Anordnungen vollzogen habe. Das waren fast zehn Jahre, eine – ich muss es zugeben – für mich sehr interessante, beschützte und behütete Zeit. Aber von dem Moment an, als ich neue Wege gehen wollte, war das Verhältnis getrübt und hat nicht mehr funktioniert.

Rektor *Hans Sünkel* hat eine durchaus positive Einstellung zum Thema Mentoren:

„Die (Mentoren) hat man, wenn man nicht ekelhaft ist. Das beginnt beim Doktorvater, der einen wie die Eltern begleitet auf dem Weg zur Dissertation. Mein ehemaliger Chef hat mich auch immer mit guten Ratschlägen versorgt, heute sind wir gute Freunde ... Wenn man engagiert und aktiv ist, ergeben sich automatisch Bekanntschaften, und Mentoren bieten sich direkt an. Irgendwann im Leben mutiert man dann selbst vom Mentee zum Mentor, am Weg vom Assistenten zum Professor. Dabei verändern sich natürlich auch das Rollenbild und die Ziele."

Dass Mentoren manchmal auch zum Gegenteil mutieren können, meint *Günter Dörflinger:*

„Nicht selten kann es zwischen Mentoren und ihren Schützlingen zu weit reichenden Zerwürfnissen kommen, die aus einem ursprünglichen Mentor genau

das Gegenteil machen. Ich denke da an das Verhältnis zwischen Bruno Kreisky und Hannes Androsch. Da kann aus Zuneigung und Unterstützung genau das Gegenteil entstehen. Oft sind auch Konkurrenzdenken und eine Art innerer Wettbewerb schuld, dass ursprünglich enge und gute Vertrauensverhältnisse in überaus negative und konfliktbehaftete Stadien übergehen."

Auch wenn solche Beziehungen in einigen Fällen langfristig nicht ganz ungetrübt sein können, so sind sie eindeutig ein Karriereturbo der Extraklasse.

Wenn Ihr Mentor einen Karriereschub hat, steigen Sie mit auf oder rücken in seine Position nach. So war es auch bei mir den Fall: Michael Schmid ging nach Wien, und ich wurde seine Nachfolgerin in der Landesregierung. Sie sehen: Es lohnt sich, Mentoren zu suchen.

Regel 7: Pflegen Sie Ihre Kontakte!

Sie sind über Ihren Schatten gesprungen, haben an einem einzigen Abend zehn Visitenkarten gesammelt, aber: Was jetzt? Zuerst einmal müssen Sie entscheiden, mit wem Sie wirklich in Kontakt bleiben wollen. Wer war Ihnen sympathisch, mit wem gab es Gemeinsamkeiten und weitere Anknüpfungspunkte? Wenn Sie sich das gut überlegt haben, tragen Sie die Daten in Ihr Datenverwaltungssystem ein. Es gibt unterschiedliche Methoden dafür – vom Adressbuch bis hin zum elektronischen System im Outlook. Neu sind Visitenkartenscanner, die die Daten automatisch eingeben, oder Handys, die Ihre Daten ins System übertragen, wenn sie mit dem Computer synchronisiert werden. Die Möglichkeiten sind riesig und entlasten den Büroaufwand gewaltig.

Die nächste Frage lautet: Wann soll man sich spätestens wieder melden? Die Antwort: innerhalb der nächsten Woche, solange die betreffende Person sich noch an uns erinnert. Ich handhabe es meistens so, dass ich am Abend – nach einer Veranstaltung – noch die Adressen eingebe und eine kurze Mail schreibe. Keine Antwort zu erhalten, heißt nicht immer, dass der andere kein Interesse hat. Vielbeschäftigte erhalten bis zu 300 Mails am Tag, die nicht alle bewältigt werden können, und oft landen neue Adressen im Spam-Ordner. Also heißt es dann – auch wenn keine Antwort kommt: nachstoßen, anrufen und nachfragen, ob Interesse an einem weiteren Gespräch besteht, natürlich mit dem Hinweis auf die Veranstaltung und die Gemeinsamkeiten.

Bevor Geschäftsbeziehungen entstehen, müssen in der Regel bis zu sieben Kontakte stattfinden. Also ist das Folgegespräch sehr wichtig, bei dem sich erst wirklich herausstellt, ob wir tatsächlich weiter in Kontakt bleiben wollen. Wenn Sie das Gefühl haben, dass es für Sie passt, dann vereinbaren Sie unbedingt sofort einen weiteren Folgetermin. Nur so können Sie ein Weiterleben des neuen Kontakts sicherstellen.

Welche Möglichkeiten haben Sie noch, um in Kontakt zu bleiben?

→ *Telefon:* Machen Sie sich Listen von jenen Leuten, die Sie regelmäßig anrufen wollen. Nutzen Sie Ihre Steh- bzw. Leerzeiten dazu. Ich nenne diese Anrufe auch „Liebesanrufe“, denn sie betreffen nur jene Menschen, mit denen ich gerne in Kontakt bleibe und sie einfach frage, wie es ihnen geht. Und ganz oft höre ich dann die Frage: „Und was brauchst du? Wie kann ich dir helfen?“ Wir alle rufen oft nur an, wenn wir von anderen etwas brauchen. Also nehmen Sie sich an der Nase und rufen Sie auch öfters einfach mal so an.

→ *SMS und Twitter:* Das sind moderne Kommunikationsmittel, die nicht allen liegen, aber unbestreitbar immer wichtiger werden. Versenden Sie aber bitte keine unpersönlichen Massen-SMS.

→ *XING und Facebook* sind hervorragende Internetplattformen für Ihre Vernetzung, XING eher im geschäftlichen, Facebook mehr im privaten Kontext. (Dazu finden Sie Näheres in Teil sechs.)

→ *Mail:* Eine schnelle und gute Möglichkeit, um in Kontakt zu bleiben, zum Beispiel, wenn man einem ausgewählten Kreis persönliche oder geschäftliche Veränderungen zukommen lassen will, oder auch als Neujahrsinformation.

→ *Newsletter:* Newsletter zu versenden ist der unpersönliche Weg, um über Neuigkeiten – auch in der Firma – zu informieren. Achten Sie darauf, dass Ihre Leser durch einen Newsletter auch einen Nutzen erhalten, sonst landet er ganz schnell im Spam.

→ *Briefe:* Sind schon ganz aus der Mode gekommen, und gerade deswegen ein Mittel, um sich von anderen abzuheben: Schreiben Sie handschriftliche Briefe.

→ *Postkarten:* Früher mal gab es die sogenannten Krampuskarten. Erfinden Sie etwas Neues, etwas, was zu Ihnen passt, um regelmäßig Postkarten schreiben zu können. Verzichten Sie auf die 100. Weihnachtskarte für die Rundablage und lassen Sie sich etwas Lustiges und Auffallendes einfallen.

→ *Essenseinladungen:* Wenn Sie in ein Lokal oder – persönlicher – nach Hause mehrere Personen gemeinsam einladen, treffen Sie zwei Fliegen auf einen Schlag. Nämlich wenn es Leute sind, die voneinander profitieren können, und Sie sich nicht mit allen extra treffen müssen.

→ *Anlassbezogene Einladungen:* Organisieren Sie mindestens eine große Veranstaltung pro Jahr, zu der Sie möglichst viele Ihrer Kontakte einladen. Das kann Ihre Geburtstagfeier oder einfach ein Nachmittag mit Sturm und Maroni oder eine Adventfeier sein. Es muss gar nicht viel kosten, aber Sie können allein durch die Einladung Beziehungen aufrechterhalten. Sie können das auch gemeinsam mit anderen machen – so verbinden sich die Netzwerke und die Kosten werden geteilt.

→ *Veranstaltungen:* Auf diversen Veranstaltungen, egal ob Meetings oder Unterhaltungsevents, können Sie immer sehr viele, auch Ihnen bereits bekannte Menschen treffen. Nutzen Sie die Gelegenheit, den Kontakt aufzufrischen. Oder gehen Sie gemeinsam mit anderen zu Veranstaltungen.

→ *Branchen- und Fachmessen:* Hier haben Sie die Möglichkeit, die neuesten Informationen auszutauschen und sich selbst zu präsentieren. Und natürlich auch Ihre Zielkunden zu treffen.

Jetzt sind Sie wieder dran! Was wollen Sie unternehmen, welche Schwerpunkte werden Sie sich setzen?

Welche Aktivitäten zur Kontaktpflege gefallen mir, woran habe ich Spaß?

Ich selbst werde folgende Aktivitäten zur Kontaktpflege durchführen:

Wann und wie werde ich das tun?

Wenn Sie jetzt immer noch sagen, dass nichts für Sie dabei ist, möchte ich Ihnen noch eine weitere Auswahl an Veranstaltungen, bei denen Sie sicher viele interessante Leute, Prominente oder Politiker antreffen werden, anbieten:

→ *Kammerveranstaltungen:* Unsere Interessenvertretungen organisieren immer wieder Einladungen für alle Mitglieder – ideal zum Netzwerken.

→ *Sportveranstaltungen:* Ob bei Skirennen, beim Bergsteigen, auf den VIP-Tribünen beim Beach-Volleyball, beim Fußball oder Eishockey: Hier treffen Sie sicher viele Promis.

→ *Preisverleihungen:* Von großen Veranstaltungen bis hin zu kleineren Ehrungen, die regional verliehen werden, hier gibt es viele Möglichkeiten, Leute zu treffen.

→ *Charity-Veranstaltungen:* Oft sind es Politiker und Unternehmer, die sich für Social Clubs, für karitative Zwecke einsetzen. Darunter fallen zum Beispiel Benefizmodeschauen und anderes. Es sind immer viele wichtige Personen anwesend.

→ *Bälle:* In Österreich beliebte Treffpunkte, angefangen vom Opern- und Philharmonikerball, dem Jägerball bis hin zum Faschingsfest – lauter Möglichkeiten, mit vielen Menschen in Kontakt zu kommen und auch auf viele Prominente zu treffen, sie in ungezwungenem Rahmen kennenzulernen und anzusprechen. Oder eine Gelegenheit, um einen Kontakt aufzufrischen, wenn man gemütlich an der Bar plaudert.

Wie gesagt: Sie müssen sichtbar werden, sich in Erinnerung rufen – bei Menschen, die für Sie wichtig sind und die Ihnen sympathisch sind.

Die meisten meiner Interviewpartner für dieses Buch habe ich auf einer Veranstaltung gefragt, ob sie für ein Gespräch zur Verfügung stünden. Von denjenigen, denen ich nur einen Brief oder eine Mail geschrieben habe, habe ich eher ein Nein bekommen. Im persönlichen Gespräch fällt eine Absage viel schwerer. Sie müssen Ihren Bekanntheitsgrad heben, Ihr Netzwerk vergrößern, damit Sie erfolgreich Ihre Karriere oder Ihr Unternehmen voranbringen können.

Regel 8: Definieren Sie Ihre Ziele!

Ihre persönliche Netzwerkstrategie – Ihre Mission

Zu Beginn jedes Prozesses steht die Klärung des Grundes: Warum wollen Sie netzwerken, und welche Vorteile erhoffen Sie sich dadurch? Was wollen Sie durch Ihre Kontakte erreichen? Welche Art von Informationen suchen Sie? Welche Karriereziele verfolgen Sie? Wenn Sie Ihre Ziele definiert haben, ist es viel einfacher, diese Pläne auch zu verfolgen und Ihr Netzwerk darauf auszurichten.

Im Wesentlichen sollte die Zieldefinition für Ihre Netzwerkstrategie einigen einfachen Kriterien genügen:

Ziele sollten immer **„s.m.a.r.t."** formuliert werden, wobei diese Abkürzung für folgende Punkte steht:

→ **s**pezifisch
→ **m**essbar
→ **a**ngemessen
→ **r**ealistisch
→ **t**erminiert

Ein Ziel, das nicht spezifisch genug und nur vage formuliert ist, stellt in der Regel keine Herausforderung dar und führt am eigentlichen Zweck vorbei.

„*Ich werde meine Kontakte ausbauen*" – das ist nicht spezifisch.

„*Ich werde meine Kontakte zu potenziellen Partnern im Content-Management-Bereich ausbauen*" ist schon spezifischer, aber noch nicht messbar.

„*Ich werde meine Kontakte zu potenziellen Partnern im Content-Management-Bereich auf 300 Personen ausbauen*"*:* Das ist messbar, aber der Aufwand für eine Einzelperson ist sicherlich nicht angemessen, also nicht sinnvoll.

„*Ich möchte meine Kontakte zu potenziellen Partnern im Content-Management-Bereich auf zehn Personen in einem Jahr ab jetzt ausbauen.*" Dieses Ziel ist nun spezifisch, messbar, angemessen, realistisch und auch terminiert.

Gerade kleine und mittlere Unternehmer müssen ihre Ziele klar definieren, um im Wettbewerb bestehen zu können. Klare Ziele helfen nicht nur dabei zu klären, warum man netzwerken will, sondern auch, wo der beste Ort dafür zu finden ist. Überspitzt könnte man formulieren: Warum sollte man als Kaninchenzüchter seine Kontakte in einem Aquarienverein pflegen?

Notieren Sie sich Ihre Ziele, aber bitte nach „s.m.a.r.t." (als Download auch auf www.seilschaften.at abrufbar). Sollten Sie damit Schwierigkeiten haben, stellen Sie sich einfach die Frage: *„Wo sehe ich mich in fünf Jahren?"*

Meine familiären Ziele ____________________

____

____

____

____

____

Meine beruflichen Ziele ____________________

____

____

____

____

____

Meine gesundheitlichen Ziele ____________________

____

____

____

____

____

Meine Freunde und meine sozialen Aktivitäten ____________________

____

____

____

____

Für die Umsetzung Ihrer Netzwerkstrategie ist es auch wesentlich, dass Sie sich Ihrer momentanen Situation und Ihrer Stärken bewusst sind.

Meine Stärken (mindestens 15!) sind

In welchen Netzwerken bin ich bereits tätig? In welchen davon aktiv?

Was fehlt mir noch, um meine Ziele zu erreichen?

Wer oder was könnte für mich dabei hilfreich sein? (Habe ich Mentoren?)

Welche Netzwerke könnten mich dabei unterstützen?

Andere Ideen/Bemerkungen

Wenn Sie diese Fragen beantwortet haben, beschäftigen Sie sich mit Ihrer Adressendatenbank. Auch die gehört zu Ihrem Beziehungsmanagement. Ihre Adressen sollten Sie wie Ihre Urlaube bewusst und aktiv planen, sie so wie regelmäßige Meetings eintragen. Das sind dann Meetings mit sich selbst, zur Planung Ihrer Zukunft, Ihres Netzwerkes.

Fünf Schritte zum erfolgreichen Netzwerk (nach Troy Waugh, Power Up Your Profits: 31 Days to Better Selling):

→ Streben Sie das Ziel an, 1000 Namen in Ihrer persönlichen Datei zu speichern. Dafür können Sie sich auch zehn Jahre Zeit lassen.

→ Legen Sie sich ein System zur Verwaltung der Namen zurecht. Neben den Adressdaten sollten Sie unbedingt Geburtsdatum, Hobbys, Kinder, Ausbildung, Lieblingsessen und Restaurants ... notieren.

→ Erstellen Sie einen fundierten Kommunikationsplan für Ihre Kontakte. Es hat keinen Sinn, sich mit jemandem zu treffen und nicht in Verbindung zu bleiben.

→ Seien Sie beim Aufbau und der Nutzung Ihres Netzwerkes geduldig.

→ Nehmen Sie sich vor, pro Woche mindestens ein bis zwei Stunden für Ihr Netzwerk zu verwenden. Und tun Sie es auch!

Das von mir entwickelte System für optimales Netzwerken beinhaltet folgende Vorgehensweisen und Fragen:

Betrachten Sie zuerst Ihren Ist-Zustand:

→ Wie viele Kontakte habe ich derzeit? Wo und wie sind sie abgelegt?

→ Wie viel Zeit stelle ich derzeit fürs Netzwerken zur Verfügung?

→ Wie setze ich derzeit Aktivitäten, wen rufe ich an, wen treffe ich, treffe ich mich auch mit Gruppen?

→ In welchen Netzwerken bin ich derzeit präsent? In welchen davon aktiv?

Danach gibt es für Sie einiges zu tun:

Das, was ich heute mache, basiert auf den Kontakten, die ich gestern geknüpft habe. (Harvey Mackay)

Durchforsten Sie Ihr Adressbuch, überlegen Sie sich ein sinnvolles Ablagesystem. (Hier bietet sich natürlich Microsoft Office an.)
Überlegen Sie sich eine mögliche Einteilung Ihrer Kontakte, zum Beispiel nach Familie und Freunden, Bekannten, Kunden, Vereinen. (Das kommt natürlich auf Ihre Aktivitäten drauf an.)
Oder nach der Wichtigkeit Ihrer Kontakte, nach A-, B-, C-, D-Kontakten.
Finden Sie ein System, das zu Ihnen passt.

Ein direkter Weg für die Einteilung Ihrer Kontakte kommt (natürlich!) aus dem Amerikanischen und unterteilt in:

→ Gold: Diese Kontakte erhalten 80 Prozent Ihrer Aufmerksamkeit. Dazu gehören Stamm- und Empfehlungskunden, Verbündete und Wunschkunden.

→ Silber: Diese Beziehungen erhalten nur mehr 20 Prozent der investierten Zeit, es sind Menschen mit Potenzial, die interessant sind, derzeit aber keinen Nutzen für Sie bieten können.

→ Bronze: Das sind Bekanntschaften, die gar keinen Anteil mehr bekommen, da sich überhaupt kein direkter Nutzen für Sie ableiten lässt. Bronze-Kontakte kommen in die Standardmailingliste.

Erhalten Sie neue Visitenkarten, sollten Sie diese sofort in Ihr System kategorisieren, ablegen und dementsprechend bearbeiten.
Sichten Sie Ihre alten Visitenkarten und tragen Sie diese ein oder werfen Sie sie weg.

Der nächste Schritt: Überlegen Sie, wo Sie hinwollen, charakterisieren Sie Ihren Soll-Zustand:

→ Wie viel Zeit will ich in Zukunft fürs Netzwerken verwenden?

→ Wie viele Kontakte will ich pflegen? Wie viele davon aktiv?

→ In welchen Netzwerken will ich mich engagieren?

Hubert Neuper, der sich selbst als Tausendsassa bezeichnet, was für ihn bedeutet: „Ich habe nix gelernt und kann trotzdem alles", verfolgt ebenfalls eine eigene, ganz persönliche Netzwerkstrategie:

„Wenn ich etwas erreichen will, überlege ich: Was sind meine Interessen? Zum Beispiel die Organisation der World Sports Awards in Wien für die Sporthilfe. Ich wollte unbedingt Muhammad Ali dabei haben. Ich verlasse mich in so einer Situation auf mein Gefühl, glaube, dass es klappt, und setze mir vorher keine Grenzen.
Dann frage ich das Umfeld, rufe einfach an und treffe mich mit diversen Leuten: ‚Servus, schon lange nichts gehört, hast du einmal Zeit?' Zu diesem Zeitpunkt bin ich von meiner Idee schon beseelt, und der andere spürt einfach, dass er mich treffen soll. Und ich bleibe dran, beim Anwalt von Muhammad Ali habe ich jeden Tag angerufen – einen ganzen Monat lang. Es war viel Arbeit und ein großes finanzielles Risiko, aber es hat funktioniert. Ich habe es geschafft.
Bei einem Treffen erzähle ich dann von der Idee. Und mit jedem Teilerfolg wird die Idee mehr beseelt. Und wenn einer nicht will, dann eben nicht, dann passt er eh nicht dazu, es gibt immer andere, die helfen. Ein Puzzleteil nach dem anderen."

Enorm wichtig – der Netzwerkmix

Bei der Planung Ihrer Netzwerkstrategie sollten Sie auf eines nicht vergessen: Achten Sie auf einen guten Mix Ihrer Netzwerke. Monika Scheddin unterscheidet vier Bereiche, in denen Sie, wenn möglich zu gleichen Teilen, verankert sein sollten:

→ private Netzwerke wie Vereine, Hobbys ...

→ firmeninterne Netzwerke

→ branchenübergreifende Netzwerke (Hier würde ich alle Wirtschaftsverbände ansiedeln, Wirtschaftsforen, Marketing- und Managementklubs.)

→ eigene Branche

Wir sind nun am Ende Ihrer Strategieplanung angekommen: Legen Sie als Abschluss verbindlich fest, wie Sie weiter vorgehen wollen:

Welche Aktivitäten setze ich in Zukunft? ____

____

____

____

____

Für all diese Überlegungen haben Sie sicher einige Zeit gebraucht. Eines aber bleibt noch über: Wann werden Sie diese notwendigen Schritte setzen?

Was ist mein konkreter nächster Schritt? ____

____

____

____

____

____

Regel 9: Seien Sie aktiv!

„Von nichts kommt nichts." Zugegeben, ein schon sehr abgedroschenes Sprichwort, aber im Zusammenhang mit Netzwerken sehr wahr. Als Netzwerker müssen wir nach einer Veranstaltung die anderen kontaktieren. Und zwar innerhalb einer Woche! Wir müssen immer wieder Treffen organisieren und dranbleiben an unseren Kontakten. Die meisten Menschen sind bequem und deshalb dankbar, wenn andere in die Rolle des Aktiven schlüpfen.

Wenn Sie das Netzwerk, von dem Sie träumen, nicht finden – weder im Internet noch beim Herumfragen –, dann gründen Sie doch selber eines. Seien sie aktiv!

Ein Gespräch mit Gabi Spiegelfeld, *Mitbegründerin des Klubs für Frauen (www.klubfuerfrauen.at) und Netzwerkerin des Jahres 2009:*

Wie sind Sie Netzwerkerin des Jahres geworden, haben Sie die Auszeichnung persönlich erhalten oder für den Klub für Frauen entgegengenommen? Ich habe die Auszeichnung im Namen des Klubs für Frauen entgegengenommen.

Die Idee des Klubs hatte ich gemeinsam mit Eva Glawischnig. Wir wollten etwas für Frauen tun, und so haben wir die Idee der Klubgründung rasch umgesetzt. Männernetzwerke gibt es schon so lange. Ich finde, dass Frauen einen absoluten Nachholbedarf haben. Für mich war es spannend zu sehen, dass ein klingender Name allein nicht genügt, es müssen Inhalte sein und vor allem ein gutes Thema. Ich habe schon bei der Firma Quester Frauenpower-Workshops veranstaltet. Für Frauen, die selber bohren und Fliesen legen wollen. Frauen sollten sich auch in einem männerdominierten Umfeld wie in einem Baumarkt behaupten können. Die Erkenntnis war, dass Frauen nicht nur handwerken wollen, sondern auch miteinander kommunizieren. Unsere Firma wurde verkauft, doch das erfolgreiche Programm hat ein großer Mitbewerber nahtlos übernommen. Um die Netzwerkidee weiter auszubauen, gründete ich 2002 gemeinsam mit Eva Glawischnig den Klub für Frauen. Der Klub entwickelte sich sehr gut, aber so etwas funktioniert nur, wenn man wirklich dahintersteht. Ich übernahm als Triebfeder sehr viele Aufgaben, damit wir einen reibungslosen Ablauf hatten.

Welche Idee steckt hinter dem Klub für Frauen? *Es ist eine überparteiliche Fraueninitiative, die politisch brisante und meist frauenrelevante Themen aufzeigt und mit medialer Hilfe nach außen transportiert. Wir veranstalten jeden Monat eine Veranstaltung mit einem interessanten Podium und einem guten Verteiler. Männer sind erwünscht.*

Wie kann Frau Mitglied werden? *Wir sind maximal 16 Frauen, die aus den unterschiedlichsten Bereichen kommen und bestens vernetzt sind. Wir profitieren sehr voneinander und pflegen einen freundschaftlichen Umgang. Jedes Mitglied zahlt 150 Euro im Jahr. Sehr froh sind wir über Sponsoren, die uns z. B. eine Location mit entsprechender Bewirtung zur Verfügung stellen. Die Welt werden wir nicht ganz verändern, aber wir tragen dazu bei, Probleme bewusst zu machen.*

Auch Sie können Inhalte setzen und Probleme bewusst machen, wie Frau Spiegelfeld es ausdrückt: Sie müssen nur ein Thema haben, dranbleiben und aktiv sein. Sie müssen sich bemerkbar machen, präsent sein, damit Sie gesehen, gehört und gelesen werden.

Regel 10: Haben Sie Spaß!

Wie gesagt: Viele Menschen haben Hemmungen, fremde Menschen anzusprechen und Small Talk zu führen, die sich nur überwinden lassen, wenn sie echten Spaß daran finden, mit anderen Menschen ins Gespräch zu kommen, und Freude daran entwickeln, Informationen zu sammeln. Wobei das nicht bedeutet, dass man Klatsch und Tratsch austauschen soll, sondern es heißt, Sympathien aufzubauen und Gemeinsamkeiten zu entdecken. Erst wenn Sie diese Einstellung haben, werden Sie Spaß daran haben, mit fremden Menschen in Kontakt zu treten.

Was man ernst meint, sagt man am besten im Spaß.

Und es reicht nicht nur, Spaß an Gesprächen zu haben, Sie müssen auch Spaß an dem haben, was Sie tun, mit den Menschen, mit denen Sie unterwegs sind.

Der Spaß-Faktor!

Auch wenn Sie alle anderen Regeln penibel befolgen: Sie können nicht erfolgreich sein, wenn Sie keinen Spaß haben. Denn alles, was wir mit Krampf und zu viel Druck ausüben, kann langfristig nicht wirken.
Also: Haben Sie Spaß und Freude daran, für welches Netzwerk auch immer Sie sich entscheiden, sei es irgendeine Plattform, ein Verein oder was auch immer. Sonst funktioniert es nicht. Meine Kunden können nur von Erfolgen in neuen Netzwerken berichten, wenn es solche sind, für die sie sich auch wirklich interessieren. In denen sich Leute bewegen, die ihnen sympathisch sind und für die sie gerne Zeit erübrigen. Einer meiner Freunde, ein Notar, fährt für sein Leben gern Go-Kart. Er nimmt an allen möglichen Veranstaltungen teil, ist inzwischen Mitglied des Vorstandes des entsprechenden Vereins in Österreich. Und was glauben Sie, ist passiert? Innerhalb von zwei Jahren wurden alle anderen Vorstandsmitglieder seine Kunden. Ohne dass er es beabsichtigt hat, denn er ist dort dabei, weil es ihm Spaß macht und nicht weil er Kunden akquirieren will. Ein anderer Kunde kocht und isst besonders gern. Er hat sich einen kleinen Kreis aufgebaut, nur zehn Leute, die sich einmal im Monat zum Kochen und Essen treffen. Nach fünf Jahren waren alle seine Kunden. Natürlich nimmt das auch Zeit in Anspruch, deshalb noch einmal: Gehen Sie nur in Netzwerke, in denen Sie auch Spaß haben bzw. in denen Sie für sich einen effektiven Sinn sehen. Sonst wäre es schade um Ihre Zeit.

Ein Beispiel von mir. Ich habe mich schon in meiner aktiven Politikerzeit für Frauenfragen eingesetzt. Und meine Meinung, nämlich dass hier noch viel getan werden muss, hat sich, seit ich Kinder habe, noch verstärkt. Umso wichtiger ist es, dass es funktionierende Frauennetzwerke gibt. Denn es war ein Schock für mich, als mir – als amtierender Landesrätin – von führenden Funktionären gesagt wurde: „Magda, wie stellst du dir das vor – mit einem Kind, als Landesrätin, das geht nicht." Dabei bin ich mir sicher, und andere Beispiele zeigen es zum Glück: Auch Politikerinnen können ihre Funktionen behalten, wenn sie Kinder bekommen. Allerdings funktioniert es nur, wenn es ein gutes familiäres Netzwerk gibt.

Und deshalb besuche ich auch gern Frauenstammtische, weil es mir Spaß macht und ich mich gerne mit anderen Frauen austausche. In Graz hat sich rund um eine Kollegin, die ich bei der Reise des Absolventenvereins der Wirtschaftsuniversität kennengelernt habe, eine Frauenrunde gefunden. Sie hat neben ihrer Steuerberatungskanzlei auch ein Restaurant, in dem wir uns einmal im Monat treffen. Schon beim dritten Mal, und das hätte ich wirklich nie erwartet, geschweige denn forciert, hat sich für mich ein Auftrag ergeben. Und bei einem Gespräch über ein mögliches Seminar hat sich noch eine andere Dame eingeschaltet und gesagt: „Ich weiß da auch noch eine Möglichkeit, hast du noch eine Info-Broschüre, ich ruf dich dann an." Natürlich hatte ich Informationen dabei.

***Tipp:** Sie sollten immer Ihre Unterlagen parat haben, wenn möglich in maximal DIN A5-Format. Wenn sich jemand wirklich für Ihre Sache interessiert, verpassen Sie nicht die Chance, ihm Informationen mitzugeben.*

In diesem Fall kommen einige Komponenten zusammen. Ich gehe regelmäßig zu einem Treffen, das mir Spaß macht, bringe mich dort ein, spreche darüber, was ich mache, aber nur wenn es passt, und sonst über alles andere: Kinder, Urlaub, Universität, Schule, verbringe einfach einen angenehmen Abend mit netten Damen. Und genau in dem Moment, wenn wir es am wenigsten erwarten, wenn wir uns wohlfühlen und loslassen, kommen die besten Aufträge. Ich habe das

***Tipp:** Nehmen Sie sich vor, monatlich zwei bis vier neue Bekanntschaften zu machen. Die Erfahrung zeigt, dass zumindest eine davon innerhalb von fünf Jahren zu neuen Umsätzen führt.* (Aus Troy Waugh, Power Up Your Profits: 31 Days To Better Selling)

immer wieder erlebt. Deshalb kann ich Ihnen nur raten: Machen Sie wirklich nur das, was Ihnen Spaß macht, suchen Sie gezielt solche Veranstaltungen auf, die Sie interessieren. Vernetzen Sie sich über Ihr Hobby, nützen Sie Ihre Freizeitaktivitäten zum Aufbau Ihres Netzwerks. Sie werden sehen: Gerade unter Gleichgesinnten finden Sie Leute, die für Ihr Netzwerk passen.

Regel 11: Nehmen Sie sich Zeit!

Gras wächst auch nicht schneller, wenn man daran zieht.

Der Aufbau eines Netzwerks benötigt nun einmal Zeit und ist eine langfristige Strategie. Sie müssen mit den neuen Partnern immer wieder in Kontakt treten, dranbleiben, gemeinsame Erlebnisse forcieren. Wenn einmal Vertrauen aufgebaut ist, dann können Sie länger davon zehren. Es ist ganz normal, dass die „Inkubationszeit" von Kontakten ungefähr zwei Jahre dauert. In dieser Zeit benötigen Sie mindestens sieben Treffen. Dann erst ist so viel Vertrauen aufgebaut, dass Sie auch eine Geschäftsbeziehung eingehen können. Sie müssen also zuerst säen, bevor Sie ernten können.

Immer wieder höre ich die Aussage: „Wann soll ich das alles machen, ich muss ja auch noch arbeiten und Geld verdienen." Und ich sage Ihnen: Netzwerken spart Zeit. Ja, Sie haben richtig gelesen. Der entscheidende Faktor ist: Wenn Sie Ihr Netzwerk einmal aufgebaut haben, dann hilft Ihnen das Netzwerk oder bestimmte Netzwerke, viel Zeit und damit Geld zu sparen. Das sei vor allem jenen Menschen ins Stammbuch geschrieben, die immer sagen: „Zum Netzwerken habe ich keine Zeit."

***Tipp:** Gehen Sie mit Ihren Netzwerkpartnern zu Veranstaltungen, auch Ihre Begleitung profitiert von neuen Kontakten, die Sie vermitteln, und Sie ersparen sich einen Extratermin.*

Netzwerken spart Zeit.

Denken Sie an ein paar Episoden, die ich Ihnen schon früher geschildert habe, zum Beispiel meine eigenen Erlebnisse in puncto „Ich will ein Buch schreiben". Netzwerke helfen uns, schneller und effizienter ans Ziel zu kommen. Durch Empfehlungen oder Informationen unserer Netzwerkpartner ersparen wir uns stundenlanges Recherchieren und bekommen oft wertvolle Insidertipps.

Exkurs – Über den Umgang mit Politikern

Lernen Sie die Welt eines Politikers kennen!

In diesem kurzen Exkurs profitieren Sie von meiner langjährigen Tätigkeit als Politikerin in Österreich – auf Landes- und auf Bundesebene. Ich möchte Ihnen vermitteln, wie Sie am besten auf Politiker zugehen, damit Sie Ihre Anliegen umsetzen können.

Dazu müssen Sie sich vorab wieder eine Frage stellen:

Was weiß/denke ich über Politiker? ____

____

____

____

____

____

____

____

____

____

Nach meiner Erfahrung besitzen Politiker generell ein schlechtes Image: Sie verdienen zu viel, arbeiten wenig, sind nicht einmal bei Sitzungen anwesend, tummeln sich nur an Buffets.

Das war für mich mit ein Grund, um mit der Politik aufzuhören – ich war diese Beschimpfungen, diese Gerede leid. Denn gerade bei Spitzenpolitikern ist das Gegenteil der Fall: Sie haben keine freien Wochenenden, arbeiten rund um die Uhr, sind ständig in der Öffentlichkeit präsent, haben kein Privatleben mehr, werden angefeindet und beneidet. Und wenn man ihr Einkommen auf die tatsächliche Arbeitszeit umrechnet, verdienen die, die von der Politik bestellt werden, um vieles mehr und führen ein ruhigeres Leben. Da stellt sich dann die Frage: *Wieso werden viele Menschen trotzdem Politiker?*

In meinen Augen gibt es vielfältige und vor allem die unterschiedlichsten Beweggründe, die hier zutreffen können:

Wenn man Politiker wird, ist man:

→ ein Egozentriker; ein Mensch, der Anerkennung braucht; süchtig nach Applaus; mediengeil; ein von Firmen entsandter Lobbyist

Wenn man Politiker wird, will man:

→ etwas für die Menschen bewegen, etwas tun; sich für die Gemeinschaft einsetzen; mehr Geld verdienen als im angestammten Beruf; ein konkretes Anliegen umsetzen; „wer" sein; sich selbst bestätigen

Wozu diese Aufzählung? Wenn Sie ein Anliegen an einen Politiker haben, müssen Sie wissen, welche Beweggründe er hat, denn dort können Sie ihn packen. Sie müssen sich überlegen, welche Prioritäten er setzt. Und Sie müssen sich darüber im Klaren sein, dass ein Politiker im Laufe eines Tages unzählige Termine absolviert, mit vielen Menschen spricht, und jeder zweite davon ein Anliegen hat und etwas an bzw. über ihn transportieren will.

Als Beispiel möchte ich Ihnen noch aufzählen, mit welchen Forderungen ich konfrontiert wurde oder werde:

→ um Geld für ein Projekt oder das eigene Unternehmen; um Förderungszusagen; um Jobs; um Gesetzesänderungen wegen eigener Probleme (Gesundheit, Ungerechtigkeiten, andere Initiativen); um Interventionen für Angehörige, Versetzungen …

Es ist beinahe unmöglich, einzelne dieser Anliegen zu erfüllen, oder es sind oft Dinge, die viel Zeit, Geld und Aufwand benötigen. Und jetzt überlegen Sie bitte: Wieso sollte ein Politiker das bzw. überhaupt etwas für Sie tun? Ihre Antwort wird wahrscheinlich lauten: „Weil er dafür gewählt wurde!" Nur bitte bedenken Sie: Die Partei stellt den Politiker auf. Oder deshalb, weil Sie so nett und sympathisch sind? Ja, aber das sind viele Menschen.

Warum könnte ein Politiker dann aber doch etwas für Sie machen? Es ist ganz einfach, nämlich aus denselben Gründen, wieso Sie etwas für andere tun. Weil er sich selbst einen Nutzen oder einen Vorteil erwartet. Und hier sind wir wieder bei der klassischen Netzwerkregel: Erst geben, dann nehmen. Überlegen Sie zuerst: Was kann ich für den anderen tun, wie kann ich ihm nützen?

Wie können Sie dem Politiker nützen? Um das zu erfahren, müssen Sie herausfinden, wie dieser Mensch gestrickt ist. Informieren Sie sich über ihn: Was ist ihm wichtig, welche Schwerpunkte setzt er in seiner Arbeit? Wenn Sie sich bei einem Wohnbaulandesrat, der den Holzbau forciert, für Betonförderungen einsetzen wollen, werden Sie nicht viele Chancen haben. Wenn Sie aber eine Idee auf dem Sektor Holz haben – wunderbar.

Etwas, das jeden Politiker freut, ist eine positive Berichterstattung in den Medien. Jedes Projekt beginnt mit einem Spatenstich und anderen Feiern, die positiven medialen Niederschlag finden können. Je mehr Leute und Gruppen (Vereine) hinter Ihrem Projekt stehen, umso besser. Denn je höher der Druck ist, der über die Medien ausgeübt werden kann, umso leichter geht es – da werden dann auch schnell Meinungen geändert. Denn: Politiker wollen geliebt und anerkannt werden und hassen negative Berichterstattung.

Sie müssen sich klar darüber sein, was Sie wirklich wollen.

Schreiben Sie Ihr Anliegen auf, überlegen Sie sich den Nutzen der Idee, des Produktes generell. Insbesondere aber den Nutzen für den Politiker. Das müssen Sie selbst machen, das kann Ihnen niemand abnehmen, es ist ja Ihre Idee, Sie wollen sie umsetzen. Erstellen Sie Unterlagen, eine Zusammenfassung, die Sie auch versenden können.

Wie können Sie mit einem Politiker in Kontakt treten? Die erste Hürde, die Sie nehmen müssen, ist, einen Termin zu bekommen. Aber es geht oft viel einfacher, als viele meinen.

Sie können einem/n Politiker

→ bei Veranstaltungen vor laufender Kamera zurufen – meist vergeblich, denn das hört er nicht

→ einen Brief schreiben – ebenso oft vergebens (lapidare Absagen)

→ Unterlagen vorbeibringen – gehen verloren, werden vergessen, haben keine Wichtigkeit

→ eine E-Mail schreiben – wird meist von einem Referenten behandelt, und der Politiker selbst bekommt sie unter Umständen nie zu Gesicht

→ bei Veranstaltungen ansprechen – eine sehr gute Möglichkeit, an Sprechtagen kontaktieren

→ anrufen (von vielen Politikern finden Sie die Handynummer im Internet, sonst können Sie auch im Büro einen Termin vereinbaren, mit einem Hinweis auf das vorangegangene Gespräch bei der Veranstaltung)

Wenn Sie es geschafft haben, einen Termin zu bekommen, müssen Sie Folgendes wissen: Je höher die Funktion des jeweiligen Politikers, umso öfter müssen Sie damit rechnen, dass Ihr Termin verschoben wird oder Sie warten müssen, denn einem Politiker kommt immer Unvorhergesehenes dazwischen (Sondersitzungen im Nationalrat oder in den Parteigremien ...). Am besten ist, Sie rufen am Tag vorher oder bevor Sie losfahren nochmals an, um die Zeit zu bestätigen, damit Sie den Weg nicht umsonst machen.

Wie verläuft das Gespräch? Bitte erwarten Sie sich in diesem Punkt nicht zu viel, denn Ihr Termin ist nicht der einzige. Im Gegenteil – Abgeordnete zum Beispiel hetzen oft von einem Termin zum nächsten, kommen zu spät, wissen nicht, worum es genau geht, hatten keine Zeit, sich Ihre Unterlagen anzuschauen. Natürlich gibt es Ausnahmen, aber seien Sie besser auf alles vorbereitet. Präsentieren Sie Ihr Anliegen kurz und bündig, erklären Sie genau, was Sie wollen, seien Sie „merk-würdig“. Stellen Sie den Nutzen, den Sie bieten können, in den Vordergrund. Wenn Sie nicht interessant genug sind, bleiben Sie weder in Erinnerung noch wird sich der Politiker für Ihr Anliegen einsetzen. Legen Sie am Ende des Gesprächs die weitere Vorgehensweise fest. Für die Zeit danach gilt: Bleiben Sie dran, seien Sie lästig.

Wer am meisten Nutzen bietet oder Druck ausübt, hat gewonnen!

Die richtige Vorgehensweise (als Download auch unter www.seilschaften.at abrufbar)

→ Werden Sie sich klar darüber, was Sie wirklich wollen.

→ Überlegen Sie, was der Nutzen Ihrer Idee, Ihres Produkts ist.

→ Erstellen Sie eine Kurzzusammenfassung (one page).

→ Sammeln Sie Informationen über alles und jeden, vor allem aber über Ihren Gesprächspartner.

→ Finden Sie heraus, wer zuständig, wer tatsächlich entscheidungsberechtigt ist (Politiker, Beamte, Gschäftsführer ...).

→ Stellen Sie Nachforschungen an, was es Ähnliches am Markt gibt (Benchmarking).

→ Finden Sie heraus, ob es Mitstreiter gibt. Suchen Sie Verbündete.

→ Suchen Sie um einen Termin an (direkt im Sekretariat, über Bekannte mit Empfehlung, über Lobbyisten oder auch um einen Vortermin beim zuständigen Referenten).

→ Wenn Sie einen Termin haben, lassen Sie sich diesen bestätigen.

→ Erkundigen Sie sich, wie viel Zeit Sie zur Verfügung haben, wer dabei ist (damit Sie sich vorbereiten können).

→ Vergessen Sie nicht: Sie haben nur eine Chance! Sie haben wahrscheinlich nur fünf Minuten, um zu beeindrucken, zu begeistern, sich eine Zusage zu holen.

→ Natürlich können Sie diese Vorgehensweise generell bei allen „wichtigen" und „mächtigen" Leuten verwenden, denn diese Regeln gelten überall. Falls Sie immer noch Hilfe benötigen, unterstütze ich Sie gerne. Sie können sich aber auch an spezielle Lobbyingagenturen wenden.

Teil 3:
Small Talk
Das kleine Gespräch mit großer Wirkung

Die richtige Einstellung

Auf einen fremden Menschen zugehen, ihn ansprechen, locker ein zwangloses, aber trotzdem intelligentes Gespräch beginnen – für viele ein schrecklicher Gedanke! Aber geschickter Small Talk dient der Auflockerung des Klimas, ermöglicht neue Bekanntschaften, hilft Kontakte zu knüpfen. Und es geht ganz leicht: Ein Einstiegsgespräch mit einer fremden Person funktioniert wie Flirten, und ich denke, an das kann sich jeder zumindest ansatzweise erinnern.

Wichtig ist: Sprechen Sie nur Menschen an, mit denen Sie Blickkontakt aufgenommen haben und die Ihnen mit einem Lächeln signalisieren, dass Sie starten können. Überlegen Sie sich vorher, was Sie sagen und wie Sie es angehen wollen, und seien Sie nicht beleidigt, wenn Ihr Gegenüber vielleicht unwirsch oder ablehnend reagiert. Versuchen Sie es einfach beim Nächsten. Nehmen Sie sich fixe Ziele vor, wenn Sie zum Beispiel zu einer Veranstaltung gehen: Wie viele Personen wollen Sie ansprechen?

Und noch etwas: Lassen Sie Ihr Gegenüber immer in Ruhe aussprechen.

Und vergessen Sie nicht: Humor hilft immer.

Zuerst aber überlegen Sie, mit welchen Menschen Sie selber gerne ins Gespräch kommen würden, welche Leute würden Sie aussuchen, wie müssen sie sein, was sollen sie ausstrahlen?

Ich möchte mit Menschen ins Gespräch kommen, die ______________________________

____

____

____

____

Fragen Sie auch noch Ihre Freunde und Bekannten, mit welchen Leuten sie gerne sprechen, und ergänzen Sie die obige Liste. Fragen Sie aber konkret nach. Es reicht nicht, dass Sie einfach „selbstbewusst" notieren. Entscheidend ist: Wie muss jemand auftreten, was macht jemand, der selbstbewusst ist?

*Was davon bringe ich mit?*____

____

____

____

____

Was muss ich noch verbessern? Woran muss ich arbeiten, wann und wie? ____________

____

____

____

____

In dem Buch „Speak to win: Wie Sie zu einem großen Redner werden" von Brian Tracy und Frank M. Scheelen geht es auch darum, sympathisch zu wirken. Dazu nennen die Autoren unter anderen, kurz zusammengefasst, folgende Faktoren:

→ Zeigen Sie Wertschätzung. Machen Sie Komplimente und seien Sie anerkennend.

→ Sprechen Sie Bewunderung aus. Loben Sie und heben Sie damit das Selbstwertgefühl des anderen.

→ Seien Sie aufmerksam und hören Sie mit einem Lächeln zu, ohne zu unterbrechen.

→ Seien Sie entspannt und nicken Sie freundlich.

Vorbereitung ist das halbe Leben

Bereiten Sie sich auf Veranstaltungen vor. Wer wird anwesend sein? (Meistens gibt es vorab Listen der Teilnehmer.) Wer könnte für Sie interessant sein? Informieren Sie sich über die betreffenden Personen (googeln) und überlegen Sie sich mögliche Fragen und Anknüpfungspunkte. Überlegen Sie auch, welche Events für Sie spannend und Erfolg versprechend sein könnten. Falls Sie keine Einladung zu einem Event, zu dem Sie immer schon gehen wollten, haben, denken Sie nach, ob Sie jemanden kennen, der Ihnen eine verschaffen oder Sie dorthin mitnehmen könnte.

Gedächtnisanker

Du kannst in anderen Menschen nur entzünden, was selber in dir brennt.
(Augustinus)

Der Gedächtnisanker ist eines der Kernstücke der Vorstellung. Wir sollten uns so vorstellen, dass wir unserem Gegenüber im Gedächtnis bleiben – als Person und mit dem, was wir tun, also unserer Profession. Lassen Sie sich für dieses Thema ruhig Zeit, denken Sie darüber nach, wie Sie sich präsentieren wollen, denn meist entscheidet tatsächlich der erste Eindruck.

Davor jedoch noch eine kleine Hilfestellung: Wir können andere Menschen von uns und unserem Produkt oder unserer Firma nur dann überzeugen, wenn wir stolz darauf und selbst davon überzeugt sind. Nur dann kann der Funke überspringen und andere begeistern.

Bitte beantworten Sie deshalb folgende Fragen über den Kern Ihrer Tätigkeit, bevor Sie weiterlesen (als Download auch auf www.seilschaften.at abrufbar):

Welches spezielle Produkt oder welche Dienstleistung vertrete ich? __________________

____

____

____

Will ich eine spezielle Zielgruppe ansprechen oder habe ich ein Nischenprodukt? _______

____

____

____

Worin besteht meine Einzigartigkeit? Was mache ich besser als andere? ______________

____

____

____

Mit meinen Kompetenzen bin ich Experte für ____________________________________
____
____
____

Welchen Nutzen bietet mein Produkt/meine Dienstleistung? ________________________
____
____
____

Und jetzt kommen wir zum Gedächtnisanker, die vorhergehenden Überlegungen haben dazu gedient, dass uns die Formulierung leichter fallen soll.

Noch einmal: Wir sollten uns und unsere Tätigkeit so präsentieren, dass Sie dem anderen in Erinnerung bleiben.

Wann bleiben Namen oder Tätigkeiten im Gedächtnis haften? Wenn sie Bilder erzeugen, wenn sie kurz und prägnant sind, witzig oder auch provokant, wenn sie Emotionen wecken. Auf jeden Fall muss der Gedächtnisanker zu Ihnen und Ihrer Person passen, Ihre Identität unterstreichen, Sie müssen sich wohl damit fühlen und Spaß daran haben, ihn auszusprechen und anzuwenden.

Überlegen Sie, wie sich Ihnen jemand vorgestellt hat, der Ihnen noch in Erinnerung ist. Dazu einige Beispiele:

→ „*Ich bin Ruhestandsberater.*“ – Ich berate Sie heute bezüglich Ihrer Finanzen so, dass Sie ohne Sorgen in den wohlverdienten Ruhestand gehen können.

→ „*Ich arbeite im Rotlichtmilieu.*“ – Ich stelle Infrarotkabinen her.

→ „*Wir stehlen den Schmutz aus Ihren Häusern.*“ – Ich arbeite bei einer Reinigungsfirma.

→ „*Ich steigere Ihren Umsatz.*“ – Ich bin Expertin für Netzwerkplanung.

Und jetzt zu Ihnen. Wie könnte Ihr Gedächtnisanker aussehen? Probieren Sie mehrere Möglichkeiten aus:

So möchte ich mich vorstellen: ____

____

____

____

____

____

____

____

____

Was gefällt Ihnen am besten? Das, was Sie dabei immer bedenken sollten, ist, dass Sie Spaß daran haben müssen, diesen Satz auszusprechen. Dann müssen Sie erst die Reaktion abwarten. Ist Ihr Gegenüber neugierig, stellt es Fragen? Wenn nicht, dann sprechen Sie über etwas anderes. Bitte versuchen Sie nicht mit Gewalt, auf sich selbst oder Ihr Produkt einzugehen, wenn es die andere Person nicht interessiert.

Seien Sie stolz. Stolz auf sich, auf Ihre Marke, Ihre Firma, auf das, was Sie tun.

Ich möchte Ihnen noch ein Beispiel aus dem Buch von Ivan R. Misner, Marketing zum Nulltarif, zitieren:

Als Martha Taft noch ein junges Schulmädchen war, wurde sie eines Tages gebeten, sich vorzustellen. „Ich heiße Martha Taft," sagte das Mädchen, „mein Urgroßvater war Präsident der Vereinigen Staaten. Mein Großvater war Senator, mein Vater ist Botschafter. Und ich bin eine Brownie (= Mädchenvereinigung)."

Worauf sind Sie stolz?

Das ist klar und deutlich, und wir nehmen es dem Mädchen ab, dass es stolz ist. Mir kommt vor, dass dieser Stolz und die damit verbundene Überzeugungskraft in unserer Erziehung bislang keine große Rolle gespielt haben, eigentlich gar nicht erwünscht waren. Doch genau dadurch wirken wir überzeugend.

Eisbrecher

Wie fange ich an? Welche Fragen kann ich stellen? Eine ganz einfache Sache: Stellen Sie simple W-Fragen (offene Fragen), auf die Ihr Gegenüber ausführlich antworten kann und Sie im Gegenzug wieder Ihr Interesse bekunden können. So gut wie jeder Mensch liebt es, über sich selbst zu sprechen. Denken Sie aber daran: Bei dieser ersten Kontaktaufnahme geht es jedoch noch nicht um eine Geschäftsanbahnung, ein erstes Gespräch hat immer die Beziehung im Fokus, soll eine Sympathieebene zwischen Ihnen und Ihrem Gesprächspartner aufbauen.
Was also sind gute Fragen zum Anwärmen und Auflockern?

Hier ein paar Vorschläge:

→ *Was machen Sie beruflich?* Das ist natürlich die klassische Frage, um eine Konversation zu beginnen, da sie auch eine ganze Reihe von Anschlussfragen ermöglicht: zum Unternehmen, zur Branche etc. Die Frage nach dem Beruf ist eigentlich immer am Platz, allerdings auch schon ein wenig abgedroschen und nur wenig originell. Aber wenn Sie dazu noch ein bisschen weiterfragen und etwas über die Karriere Ihres Gegenübers herausfinden, haben Sie schon viel gewonnen.

→ *Waren/fahren Sie auf Urlaub?* Eine Frage, die natürlich nur kurz vor oder nach der Urlaubszeit sinnvoll ist. Doch bei diesem Thema lassen sich oft schnell Gemeinsamkeiten finden. Sie können auch noch ein charmantes Kompliment hinzufügen: „Sie sehen so erholt aus."

→ *Welches Buch/Magazin lesen Sie gerade?* Auch mit dieser Frage können Sie punkten, denn hier ist alles drin: Hobbys, private Interessen, eventuell aktuelle Themen und vieles mehr.

→ *Haben Sie studiert? Was? Wo? Welche Ausbildung haben Sie?* Die Frage nach dem Studentenleben oder der Ausbildung ist immer interessant, Sie werden damit sicherlich auf offene Ohren stoßen, und vielleicht entdecken Sie dadurch auch weitere Berührungspunkte, sei es in puncto Studium oder gemeinsame Bekannte. Besonders sinnvoll ist die Frage aber, wenn Ihr Gesprächspartner bei der Vorstellung seinen Titel nennt, denn das bedeutet, dass ihm seine Ausbildung wichtig ist.

- → *Was hat Sie auf diese Veranstaltung verschlagen?* Dadurch erfahren Sie in erster Linie, in welchem Verhältnis Ihr Gegenüber zum Veranstalter der Party, des Vortrags etc. steht. Auch daraus ergeben sich natürlich wieder weitere Gesprächsmöglichkeiten, denn ja auch Sie kennen den Organisator von irgendwoher.

- → *Wie fanden Sie den Vortrag/die Präsentation?* Immer eine gute Eröffnungsfrage, aber Achtung! Vertreten Sie dabei nicht gleich vehement Ihre eigene Meinung, überhaupt wenn Sie den Vortrag schlecht fanden. Sonst verbreiten Sie gleich zu Beginn eine negative Stimmung.

Tabuthemen

Gerade wenn wir mit jemandem neu ins Gespräch kommen, ist es wichtig, dass wir nicht ins Fettnäpfchen treten und keine unangenehmen Themen anschneiden. Es sollte Ihnen zum Beispiel nicht passieren, dass Sie gerade über den Vortragenden schimpfen und Ihr Gegenüber meint: „Sehr interessant, denn der Vortragende ist mein Mann!“ Gerade in Österreich kennt man sich, und alles, was Sie über eine Person sagen, kommt irgendwann auch dort an.

Hier die wichtigsten Tabus:

- → *Krankheit:* Wer will schon etwas über ständige Wehwehchen hören?

- → *Tod:* Ist genau dasselbe und eignet sich nicht für Small Talk.

- → *Religion:* Hier geht es um Werte, die nur wenige beim Erstgespräch preisgeben wollen.

- → *Geld:* Darüber wird in unseren Breitengraden nicht gern gesprochen, es wird als Angeberei oder Arroganz empfunden (anders in den USA).

- → *Intimes bzw. allzu Familiäres:* Sie können zwar von sich selbst erzählen, aber den anderen keineswegs drängen, etwas preiszugeben.

- → *Wetter:* Auch hier ist Achtung geboten, denn das Thema schneiden nur die an, denen wirklich nichts Besseres einfällt. Also geben Sie sich mehr Mühe!

- *Politik:* Setzen Sie sich nicht in die Nesseln! Sie wissen nicht, in welche Richtung Ihr Gegenüber tendiert, also vermeiden Sie einschlägige Aussagen – auch über politische Mandatsträger.

- *Negatives,* vor allem über andere Personen: Jeder kennt jeden, zumindest über einige Ecken, und alles kann weitergeleitet werden.

Und welche Themen bleiben übrig? Auch hier eine Auswahl:

- *Aktuelles aus der Zeitung,* über das alle sprechen. Damit Sie in diesem Punkt am Ball bleiben und Themen anschneiden können, empfehle ich Ihnen, regelmäßig gute Zeitungen zu lesen.

- *Beruf:* Hier gibt es oft Synergiemöglichkeiten und Überschneidungen, über die Sie jederzeit sprechen können.

- *Veranstaltung:* Das Thema der jeweiligen Veranstaltung ist natürlich immer passend und für alle gleich interessant.

- *Essen und Trinken:* Warum nicht den guten Wein oder das gute Essen loben? Es wird Ihnen schnell jemand beipflichten.

- *Hobbys:* Nicht jeder will immer über seinen Beruf reden, richten Sie sich danach, erzählen Sie etwas von Ihrer Freizeitgestaltung und hängen Sie die Frage an: „Was machen Sie denn so in der Freizeit?“

- *Urlaub:* Aber übertreiben Sie nicht! Machen Sie andere nicht neidisch mit dem supertollen Urlaub auf der Jacht, sondern testen Sie an, ob das für Ihr Gegenüber überhaupt ein Gesprächsthema sein könnte: „Haben Sie über die Feiertage etwas vor? Ich fahre in die Berge.“

- *Komplimente:* Aber bitte nur ehrlich gemeinte und nicht schleimen.

- *Positives:* Geben Sie sich generell wohlwollend und positiv. Mit solchen Menschen wollen wir alle gerne zusammen sein.

Nutzen

Wenn es Ihnen gelingt, Ihren Ansprechpersonen kurz und bündig klarzumachen, was sie für einen Nutzen aus Ihrer Leistung ziehen können, haben Sie schon gewonnen.

Bei meinem bisher teuersten Auto konnte der Verkäufer bei mir voll punkten, weil er zuerst gefragt hat: „Wie viel Zeit verbringen Sie im Auto?" „Viel, rund vier Stunden am Tag", war meine Antwort. Dann kam der Satz: „Die Menschen überlegen lange, welches Haus sie bauen, in welchem Bett sie schlafen, aber dafür, wo sie auch sehr viel Zeit verbringen, nämlich im Auto, investieren sie zu wenig Zeit und Geld." Ich war derselben Meinung, hatte gerade erst viel Geld für ein teures Biobett ausgegeben, und da wurde mir sofort klar, dass ich beim Auto, in dem ich ja viel Zeit verbringe, auch nicht knausrig sein darf. Ein guter Verkäufer – es ist ihm sofort gelungen, mir den für mich wichtigen Nutzen klarzumachen.

Überlegen Sie, ob Sie jemanden kennen, der für Ihr Gegenüber als Gesprächspartner interessant sein könnte. Denken Sie nach, wie Sie hier vermitteln können – so werden Sie schnell zum Netzwerkknotenpunkt und als Ansprechpartner geschätzt.

Dieses System hat sich Karim Allouche mit der Firma SVAX zur Geschäftsidee gemacht. Wie ich schon an anderer Stelle erwähnt habe: Der Experte für Firmen-Beziehungen bringt Menschen zusammen, die sich voneinander einen Nutzen versprechen. In einer Datenbank hat er alle seine Mitglieder gespeichert, und wenn jemand etwas sucht, hat er den für ihn passenden Partner. Alle zusammen betrachten sich als ein Team, das sich gegenseitig vertrauen kann.

In meinen Vorträgen und Seminaren zum Beispiel bringe ich für Sie folgenden Nutzen: Ich bringe Sie auf die Überholspur. Wir polieren gemeinsam Ihr Image auf, Sie können sich überzeugend präsentieren und leicht mit Menschen ins Gespräch kommen. Das mache ich als Expertin für Karriere- und Netzwerkplanung und Ihr Umsatz wird garantiert steigen. Ist das für Sie interessant?

Und jetzt bauen Sie Ihren Nutzen, den Sie sich vorher überlegt haben, in Ihren Gedächtnisanker ein:

In meinem Gedächtnisanker möchte ich folgenden Nutzen erwähnen: _______________

____

____

____

____

____

Was immer Sie sich nun aufgeschrieben haben, es ist eine Formulierung, an der Sie ständig feilen müssen. Sie können sich auch für unterschiedliche Zielgruppen verschiedene Sätze zurechtlegen. Es müssen nur Ihre Sätze und Ihre Gedanken sein, sie müssen zuerst einmal Ihnen selbst gefallen. Dann werden Sie sie auch gerne aussprechen.

Gemeinsamkeiten

Jetzt kommen wir zu einem weiteren Herzstück der Gesprächskultur. Nur wenn es Ihnen gelingt, Gemeinsamkeiten zu entdecken, wird das Gespräch für beide Seiten interessant. Diese Berührungspunkte müssen nicht nur beruflicher Art sein, es können gemeinsame Hobbys, ähnliche Urlaubsvorstellungen, Kinder oder was auch immer sein. Dazu müssen Sie sich nur durchfragen, müssen ein Thema finden, das Sie und Ihren Gesprächspartner fesselt. Erst dann werden Sie beide das Bedürfnis haben, die Bekanntschaft zu vertiefen oder fortzusetzen. Wenn Ihnen das gelingt, sind Sie schon über den Small Talk hinaus. Und dann gelten auch die Tabuthemen nicht mehr, denn natürlich kann es vorkommen, dass Sie gerade in einem dieser Themenkreise Berührungspunkte finden und diese vertiefen wollen.

Ein Beispiel: Nach meinen Vorträgen gehe ich immer zu den kleinen Stehtischen, um mir Rückmeldungen einzuholen und eventuelle Fragen zu beantworten. Ich tausche mich gerne mit anderen Menschen aus, und oft bleibt es nicht bei einem kurzen Small Talk. Denn häufig findet man ein gemeinsames Thema – zum Beispiel Netzwerken!

Ausstieg

Viele finden schon den Einstieg schwer, wenn es darum geht, ein lockeres Gespräch zu beginnen. Was machen Sie aber, wenn Sie entdecken, dass Ihr Gegenüber der falsche Ansprechpartner ist? Oder noch schlimmer: langweilig und unsympathisch? Kurz, wenn Sie die Konversation möglichst schnell beenden wollen.

Wenn Sie in einem derartigen Fall elegant die Kurve kratzen wollen, bedenken Sie bitte: Seien Sie nicht unhöflich, denn schließlich könnte der andere Ihren schnellen Abgang persönlich und übel nehmen. Und meistens begegnet man sich irgendwo wieder.

Lassen Sie den anderen nicht spüren, was Sie von ihm halten, dass Sie sich nicht weiter mit ihm unterhalten wollen. Denn das müssen Sie auf keinen Fall. Egal, in welcher Situation Sie stecken – es gibt immer ein Ausstiegsszenario.

Zum Beispiel diese:

→ *Wir sehen uns:* Immer noch die einfachste Methode, mit der Sie am wenigsten verlieren können: Sagen Sie einfach „Wir sehen uns später“ – ein unverbindlicher Satz, der alles offen lässt.

→ *Versprechung:* Geben Sie Ihrem Gesprächspartner ein Versprechen, sagen Sie zum Beispiel: „Ich würde mich freuen, wenn wir uns wieder einmal sehen würden. Wenn Sie mir Ihre Karte geben, melde ich mich bei Ihnen ...“
Natürlich sollten Sie das dann auch wirklich machen. Sie wissen ja schon, dass es sich schnell herumspricht, wenn man sein Wort nicht hält. Sie können dem anderen aber auch Ihre Karte geben und ihm vorschlagen, dass er sich melden soll.

→ *Vorstellung:* Vielleicht schaffen Sie es sogar, Ihrem Gegenüber einen alternativen Gesprächspartner vorzustellen und beide miteinander bekannt zu machen. Vielleicht sogar jemand, an dem er interessiert sein könnte, jemand, der seine Interessen teilt.

- *Ausrede:* Es gibt eine Methode, die besonders für die guten Schauspieler unter uns geeignet ist: Stellen Sie ganz plötzlich fest, dass gerade jemand gekommen ist, mit dem Sie unbedingt sprechen müssen: „Verzeihen Sie, das ist eine wirklich wichtige Sache für mich ..." Und schon sind Sie entlassen, denn das versteht einfach jeder ...

- *Themenwechsel:* Wenn Sie das Gespräch langweilt, dann wechseln Sie das Thema! Lenken Sie es in eine Richtung, die Ihre Nachbarn interessieren könnte. Vielleicht steigt ja einer der Umstehenden darauf ein, und Sie können sich ihm zuwenden.

- *Ehrlichkeit:* Wie bei vielen Dingen hilft oft schlichte Ehrlichkeit. Wenn Sie nicht mehr plaudern wollen, suchen Sie das Weite: Prosten Sie Ihrem Gegenüber zu und sagen Sie: „Ich glaube, es wird von uns erwartet, dass wir uns auf dieser Party vielen Gästen widmen." Und das war's dann auch schon!

Visitenkarten

Dieser Teil ist für den Abschluss eines Gespräches das Wichtigste. Grundvoraussetzung ist, dass Sie ausreichend Visitenkarten dabei haben. Und dass Ihre Visitenkarten so gestaltet sind, dass Sie stolz darauf sind und Sie gerne weitergeben. Also drucken Sie ausreichend davon, mindestens 1000 Stück, dann sind Sie freizügiger beim Aus-der-Hand-Geben. Ich erlebe immer wieder Außendienstmitarbeiter, die der Meinung sind: „Meine Visitenkarte gebe ich nicht jedem, da bin ich selektiv." Ich dagegen empfehle: Teilen Sie so viele wie Sie nur können aus, es ist ein günstiges Werbemittel. Achten Sie aber darauf, dass Sie auch eine zurückbekommen. Wenn sich Ihr Gegenüber ziert, besteht meistens kein Interesse an einem Kontakt. Was natürlich auch in Ordnung ist, dann wissen Sie wenigstens, woran Sie sind. Wenn Sie unsicher sind, sprechen Sie es an, fragen Sie einfach, ob Interesse besteht. Wenn Sie Ihrer Meinung nach ein interessantes Gespräch hatten, brauchen Sie nur zu fragen: „Ich habe da einen guten

Tipp: *Nehmen Sie immer genügend Visitenkarten mit und halten Sie sie auch parat. Am besten ist überhaupt, wenn Sie die wichtigsten PR-Mittel zur Hand haben (einen Folder zum Beispiel), falls es das Gespräch ergibt, aber bitte nicht mit Gewalt.*

Artikel zu diesem Thema gelesen, soll ich Ihnen den schicken?“ Oder: „Ich habe da einen Kontakt, der könnte für Sie interessant sein, soll ich Ihnen die Kontaktdaten schicken?“ ... Und schon ist die Visitenkarte da.

Wenn Sie eine Visitenkarte erhalten, lesen Sie sie aufmerksam durch und machen Sie dazu eine Bemerkung, anstatt sie sofort wegzustecken. Sie können die Hinterseite auch meistens für eine Notiz verwenden. Notieren Sie, was Sie schicken wollen oder zugesagt haben, bei welcher Veranstaltung Sie die Person getroffen und worüber Sie gesprochen haben. Wozu? Damit Sie, wenn Sie die Karte nach einiger Zeit wieder in der Hand haben, wissen, wer die Person gewesen ist, und sich ein Bild machen können. Vor allem wenn Sie denjenigen wiedertreffen wollen, ist das sehr hilfreich, dann haben Sie gleich wieder einen Anknüpfungspunkt für ein neues Gespräch.

Immer noch Hemmungen?

Wenn Sie aus Ihrer Komfortzone herauskommen und an all die oben erwähnten Punkte denken, werden Sie sicherlich bei vielen Menschen auf offene Ohren stoßen und sympathisch wirken. Und auch wenn es manchmal vielleicht nicht sofort klappen wird, wichtig ist, dass Sie dranbleiben und es immer wieder versuchen.

Sollten Sie tatsächlich ein gravierendes Problem dabei haben, mit anderen Menschen ins Gespräch zu kommen, empfehle ich Ihnen ein Einzelcoaching, denn oft liegt die Ursache so tief begraben, dass man sie allein nicht überwinden kann.

Blockaden sind lösbar.

Ich hatte einmal eine ganze Vertriebsmannschaft in meinem Seminar über Netzwerken. Eine Kollegin, eine ansonsten sehr eloquente und konsequente Frau, eine gute Verkäuferin, freundlich, zuverlässig und sympathisch, hatte ein Problem: Wenn sie in der großen Runde angesprochen wurde, wusste sie einfach nicht mehr, was sie sagen sollte, brachte kein Wort mehr heraus, ihr Hals war wie zugeschnürt. Wenig später kam sie zu einem Einzelcoaching zu mir. Gemeinsam bemühten wir uns nun, dahinterzukommen, was wohl der Grund dafür sein könnte. Zuerst sprachen wir über ihre Familie, ob noch jemand so ein Verhaltensmuster zeige, ob es Glaubenssätze aus Ihrer Kindheit oder Jugend gebe, die heute noch verhindern würden, dass sie sich selbstbewusst zu Wort melden könne. Für all diese Hypothesen fanden wir jedoch keine Grundlagen. Erst auf die Frage: „Wer in Ihrem Leben hat sich Ihnen gegenüber mies verhalten, ließ Sie nicht zu Wort kommen?", kam dann ganz schnell die Antwort: „Mein Exmann! Ja, das ist es. Mein Exmann, von dem ich schon seit zehn Jahren (!) getrennt bin, hat mich immer schlecht gemacht und mir erklärt, dass ich nichts kann." Und darauf fanden wir schnell heraus, dass es auch in den Gesprächsrunden immer nur Aussagen von Männern waren, die sie gehemmt hatten. In dem Moment, in dem sich die Dame bewusst wurde, dass darin die Ursache lag, löste sich die Blockade auf. Nach ein paar weiteren Tipps und Tricks entließ ich meinen Coachee. Heute ist diese Hemmung für sie kein Thema mehr und sie konnte ihren Umsatz erheblich steigern.

Was will ich Ihnen mit dieser Geschichte aus meiner Praxis sagen? Dass Redehemmungen häufig und ganz natürlich sind und die verschiedensten Ursachen haben können.

Gelingt es uns aber, den Grund dafür herauszufinden, ihn uns ins Bewusstsein zu bringen, ist es zumeist ein Leichtes, die Hindernisse zu beseitigen.

Eine andere Möglichkeit, seine Redefähigkeiten und damit natürlich auch sein Selbstbewusstsein zu trainieren, ist ein Klub, in dem die Mitglieder ihre Rhetorikkünste schulen – wie zum Beispiel die Toastmasters (www.toastmasters.at) in Wien.

Monika Nagel, die Präsidentin des Vienna Toastmasters Club, *erzählt über diese „Schule des Redens":*

Wer bzw. was ist der Toastmasters Club? Toastmasters ist ein Non-Profit-Netzwerk, das international in über 106 Ländern mit 12.600 Klubs präsent ist. In Wien gibt es vier Klubs, drei englisch- und einen deutschsprechenden – alle mit dem Ziel, die kommunikativen Fähigkeiten der Mitglieder zu verbessern. Die Methode ist „learning by doing", Verbesserungspotenzial wird durch das strukturierte Feedback der Mitglieder aufgezeigt.

Wie hoch sind die Mitgliedsbeiträge? Der Mitgliedsbeitrag beträgt derzeit 150 Euro pro Jahr; er beinhaltet die Teilnahme an den Meetings sowie Handbücher und Lehrmaterial. Die Meetings finden zweimal im Monat jeweils abends statt.

Wie läuft so ein Meeting ab? Jedes Meeting folgt einem weltweit gültigen Toastmasters Standard: Zuerst werden Stegreifreden geübt. Im zweiten Teil des Meetings werden dann von zwei bis vier Personen vorbereitete Reden gehalten. Im dritten Teil des Abends geben andere Mitglieder ihr Feedback zu den Reden des Abends. Jedes Meeting wird durch die verschiedenen Rollen getragen, die die Mitglieder rotierend wahrnehmen: So führt ein Moderator, der „Toastmaster of the Evening", durch den Abend, ein anderes Mitglied bereitet die Themen für die Stegreifreden vor, wieder andere übernehmen die Aufgabe, Feedback zu den Reden zu geben usw. Diese Rollen bieten wieder eine Möglichkeit, Kommunikationsfähigkeiten und auch Führungsqualitäten zu verbessern. So hat auch jeder Teilnehmer die Möglichkeit, bei jedem Meeting vor dem Publikum zu reden.

Wie sind Sie Präsidentin geworden? Diese Position wird jedes Jahr von den Mitgliedern neu gewählt. Ich bin seit 2005 dabei, und meine Klubfunktionen vorher waren Newsletter-Editor und Vice President Education.

Wieso sollte jemand zu Toastmasters gehen? Kommunikation ist der Schlüssel zum Erfolg – in jeder Lebenslage. Bei Toastmasters kann man in einem unterstützenden Umfeld Kommunikation trainieren. Und das Verblüffende: Es macht Spaß! Nebeneffekte sind: mehr Selbstsicherheit, persönliches Wachstum und Stärkung von Führungsqualitäten. Ich für meinen Teil habe mein Durchsetzungs- und Ausdrucksvermögen verbessert, was mir in meinem „männerdominierten" Job sehr geholfen hat.

Sie sehen: Wenn Sie an sich arbeiten wollen – es gibt es die verschiedensten Möglichkeiten.

Und gerade dem Small Talk als gesellschaftlichem Ritual wird heute ein bedeutender Stellenwert beigemessen, auch als Einstieg zum gegenseitigen Kennenlernen, gerade bei Geschäftspartnern. Mehr noch: Small Talk gehört nicht nur zum guten Ton, sondern ist sogar ein Muss.

Exkurs – Die Macht der Sprache

Tritt keck auf,
mach's Maul auf
und hör' bald auf.
(Martin Luther)

Zum Thema Sprache und Reden gilt generell: Was haben Leute an sich, die selbstbewusst erscheinen und sich überzeugend präsentieren, und was fehlt den anderen, jenen, die es einfach nicht schaffen, ihre Botschaft zu transportieren? Was sind die maßgeblichen Faktoren dafür, dass jemand gut ankommt, Charisma hat, Strahlkraft besitzt? Eines der wichtigsten Wirkungsmittel ist unsere Sprache. Auch hier gilt es, einige Regeln einzuhalten bzw. gewisse Dinge zu vermeiden, egal ob es sich um Small Talk, ein geschäftliches Gespräch oder um eine große Ansprache vor zahlreichem Publikum handelt.

(Wirkungs-) Verhinderer

→ *Leise reden:* Menschen, die nicht laut und deutlich ihre Statements abgeben, finden kein Gehör. Sie dürfen weder nuscheln noch aus Unsicherheit immer leiser werden, denn das bringt Sie auf keinen Fall weiter. Erheben Sie Ihre Stimme, sagen Sie klar und präzise, was Sie zu sagen haben.

→ *Schnell reden:* Bei zu schnellem Reden können uns die Zuhörer nicht folgen – sie schalten ab, wenn wir ihnen nicht die Chance geben, über das Gesagte nachzudenken. Machen Sie Pausen, holen Sie Luft.

→ *Zu viel reden:* Bei einem Vortrag dürfen wir über alles reden, nur nicht über 30 Minuten lang. Überlegen Sie Ihre Hauptbotschaft, und kommen Sie zum Punkt. Wenn Sie schon länger reden müssen, überlegen Sie, wie Sie Ihr Publikum unterhalten können.

→ *Weichmacher:* Viele Menschen verwenden beim Sprechen sogenannte Füllwörter, die das Gesagte klein und unbedeutend machen: „Ich würde gerne, ich sollte, vielleicht, eigentlich, ähm, dürfte ich, ich wollte ..." Vermeiden Sie derartige Wörter und Formulierungen, denn sie drücken nur Ihre Unsicherheit aus.

Beobachten Sie sich einmal ganz bewusst, achten Sie darauf, ob Sie Weichmacher verwenden, und ersetzen Sie sie durch eine Pause oder kräftige Aussagen wie „Ich bin, ich kann, ich mache ..." Hören Sie genau hin: Welche Wörter verwenden Sie, welche sind überflüssig, welche negativ? Können Sie Ihre Botschaft einfacher, prägnanter, klarer und positiver ausdrücken? Tun Sie es!

→ *Auch eine Sprache – die Körpersprache:* Aufgrund unserer Unsicherheit neigen wir vor allem am Anfang von Gesprächen, von Präsentationen zu Unsicherheitssignalen, die unser Körper unbewusst zeigt: verschränkte Arme, am Kopf kratzen, unruhige Beine, sogenannte Distanzsignale … Achten Sie auf einen festen Stand, aufrechte Haltung und eine offene Gestik – vor allem zu Beginn eines Gesprächs oder auch einer Rede!

Deshalb: Achten Sie auf eine offene Körpersprache, klare Aussagen, und eine prägnante sowie deutliche Aussprache.

Teil 4:
Netzwerkpraxis in Österreich
Eine kleine Knotenkunde

„Jeder kennt hier jeden …“

Werfen wir zunächst einen Blick auf die Antworten, die mir einige meiner Interviewpartner auf meine Frage, wie Netzwerke in Österreich funktionieren, gaben. Gleichlautender Tenor aller ist: Hierzulande funktioniert alles auf Basis der kleinen Einheit. Jeder kennt jeden, denn Österreich ist ein kleines Land, in dem alles kalkulierbar ist. Es gibt zahlreiche Berührungspunkte, man wird sofort irgendwo zugeordnet, man kennt sich. Und es gibt eine hervorragende Kultur der Gesprächsfähigkeit, die schon allein durch die Interessenorganisationen gegeben ist. Dagegen wird die sogenannte „Verhaberung“, die vor allem innerhalb der Parteien wirksam ist, generell negativ gesehen.

Auch Generalanwalt *Christian Konrad* ist der Meinung, dass Österreich überschaubar ist, dass man hier anständig miteinander umgeht. Die zentrale Rolle im Spiel der Mächtigen nimmt die Bundeshauptstadt ein:

„Wien ist überschaubar. Deshalb läuft auch sehr viel über den informellen Weg … Hier spielt die Musi!“

Ähnlich formuliert Zeitungsherausgeberin *Eva Dichand:*

„Mächtige Netzwerke sind informell, wie zum Beispiel das Sauschädelessen bei Raiffeisengeneral Christian Konrad. Alles läuft hinter den Kulissen auf privater Ebene ab.“

Der Präsident der Industriellenvereinigung, *Veit Sorger*, bringt die Dinge aus seiner Sicht auf den Punkt und empfiehlt den Jungen, sich zu engagieren:

„Die Gesprächskultur, die wir in Österreich haben zwischen Unternehmer und Betriebsrat, unsere Sozialpartner, ist bei uns besser ausgeprägt als zum Beispiel in Deutschland. … Die Jugend hat viele Möglichkeiten: Jugendklubs, die Universität, Sprachaufenthalte, Alumniklubs, Traineeprogramme wie zum Beispiel die der Industriellenvereinigung.“

Dagegen kann *Horst Pirker*, Vorstand der Styria Medien AG (der sich selbst als unbegabten Netzwerker bezeichnet), der Begrenztheit der österreichischen Strukturen nichts abgewinnen. Er denkt globaler, wenn er meint:

„Mein Empfinden ist: je größer die Vereinigung, desto wohler fühle ich mich, weil Distanz und Klarheit wachsen. Je lokaler es wird, umso mehr schwingen Befindlichkeiten und persönliche Beziehungen mit. International wird es immer sauberer. Der sachliche, fachliche Aspekt steht im Vordergrund; je lokaler es wird, umso mehr vermischen sich die Motive. Mir ist mehr Distanz recht, vor allem bei strukturierten Beziehungen.“

Ins selbe Horn stößt TU-Rektor *Hans Sünkel*, wenn er von wissenschaftlichen Netzwerken spricht:

„Wissenschaftliche Netzwerke funktionieren unterschiedlich. Wenn kleine Länder international reüssieren wollen, so sind sie gut beraten, global zu denken. Für lokale Netzwerke sind eher untergeordnete Probleme wichtig, für global denkende Netzwerke stehen die lokalen Probleme im Hintergrund.“

Und *Günter Dörflinger* empfiehlt den Österreichern, über den Tellerrand hinauszuschauen, internationale Netzwerke zu knüpfen, auch um Chancen wahrnehmen zu können:

„Es ist notwendig, über den Tellerrand hinauszuschauen, zu beobachten, was sich gerade außerhalb Europas, etwa in Indien, in China tut … Gerade als kleines Land sollten wir hier internationale Netzwerke knüpfen, die uns fit für die Zukunft machen, damit wir die Chancen und Möglichkeiten, die sich uns bieten, auch umsetzen können.“

Wird konkret von formellen Netzwerken wie zum Beispiel den Parteien gesprochen, kristallisiert sich ebenfalls eine Meinung heraus. Am schärfsten reagiert *Horst Pirker:*

„Es gibt eine Reihe von Netzwerken, die ich beobachte. Besonders grausliche Netzwerke sind die Parteien. Die Nachhaltigkeit der Beziehungen fehlt. Jemand, der vorher mein (Partei-)Freund war, den bringe ich dann um, wenn er mir gerade im Weg steht – das ist ein sehr opportunistisches Kalkül. Eine hässliche Variante.“

ORF-Informationsdirektor *Elmar Oberhauser* lässt ebenfalls kein gutes Haar an den Parteien:

„‚Verhaberung' innerhalb der Parteien ist in Österreich sehr stark vorhanden. Immer soll einer von ihnen, einer, der ein Parteibuch hat, den Job bekommen. Es wird nicht gefragt, ob er das überhaupt kann. Wichtig sind die Mitgliedschaften, und das gilt für alle Parteien, was dazu führt, dass immer wieder Menschen Positionen besetzen, die dort nichts verloren haben."

Es überrascht keineswegs, dass ich auf die Frage, in welchen Netzwerken sich meine Interviewpartner bewegen, sehr unterschiedliche Antworten bekam, wobei für die meisten jedoch das familiäre Netzwerk und auch der private Freundeskreis von großer Bedeutung sind. Daneben stehen branchen- und firmenbezogene sowie wissenschaftliche Netzwerke, die als besonders wertvoll eingestuft werden. Viele engagieren sich im Sport, bei der Jagd, in der Kultur, in Vereinen und bei sozialen Einrichtungen bzw. Social Clubs. Und einige haben sogar eigene Netzwerke gegründet.

Politische Institutionen und Interessenverbände

Bevor wir die spezifische Situation der Netzwerke in Österreich betrachten, möchte ich noch einmal die Wissenschaft bemühen: Laut den beiden US-amerikanischen Wissenschaftlern Richard L. Daft and Raymond A. Noe ist der Erwerb von Macht manchmal eine Gruppenzielsetzung. In diesem Fall suchen Menschen nach Stärke, indem sie sich mit einer größeren Anzahl an Leuten zusammenschließen und Koalitionen bilden, um gewisse Ziele zu erreichen. Eine derartige Koalition kann offen und informell gestaltet sein, als Beispiel sei hier das private Netzwerk genannt: die Pflege von Beziehungen zu Menschen, die daran interessiert sind, sich gegenseitig zu unterstützen. Es kann aber auch eine formelle Gruppe sein, ein Handelskonsortium, ein Berufsverband oder eine Gewerkschaft. In beiden Fällen erhöht die gesamte Gruppe ihr individuelles Wissen und verstärkt ihre Kontrolle über die Ressourcen insgesamt. Anders ausgedrückt: Die Mitglieder einer solchen Gruppe verfügen zusammen über mehr Wissen, mehr

Beziehungen, mehr Möglichkeiten und Fähigkeiten als eines ihrer Mitglieder allein.

Wer ein Netzwerk aus starken Koalitionen bildet, verfügt also über mehr Ressourcen in Form von Sozialkapital, um seine individuellen Ziele zu erreichen.

Für uns bedeutet das auch, dass wir zwischen den informellen, also den privaten, und den formellen Netzwerken unterscheiden müssen, zu denen auch die Parteien gehören, die – nicht nur – in Österreich einen speziellen Faktor darstellen.

Generell gilt, dass solche Koalitionen besonders wichtig für Menschen sind, die es als unmöglich erachten, selbst genug Macht zu erlangen, um ihre Ziele zu erreichen. Das traditionelle Beispiel sind die Gewerkschaften. Während der Industriellen Revolution wurden die einzelnen Arbeiter in der Produktion als austauschbar betrachtet. Im Gegensatz dazu wäre der Austausch einer ganzen streikenden Belegschaft sehr schwierig gewesen. Also bildeten die Arbeitnehmer zusammen eine Gewerkschaft, um ihre Macht und Schadensersatzansprüche, Arbeitsbedingungen und Vorteile zu erhöhen, die sie nicht erreicht hätten, wenn sie allein gehandelt hätten. Wie bei den Gewerkschaften so gilt ganz allgemein: Je größer eine Koalition ist, umso weniger austauschbar und umso wichtiger wird sie.

Aus unserer Sicht ist eine getrennte Betrachtung von politischen Institutionen und Interessenverbänden wenig sinnvoll. Beiden geht es letztlich um die Umsetzung eigener Interessen im politischen Willensbildungsprozess. Während bei politischen Institutionen meist eine Ideologie im Vordergrund steht, verfolgen die Interessenverbände meist ein wirtschaftliches Interesse. Die Einflussmöglichkeiten politischer Institutionen sind jedoch grundsätzlich stärker und direkter als jene der Interessenverbände, weshalb Interessenverbände größtenteils mit politischen Institutionen kooperieren und auf diese Einfluss nehmen müssen.

Gesellschaftliche Interessen werden zunehmend unter neuen Bedingungen und auch neuen Kennzeichen politischer Vertretung wahrgenommen, sind doch immer mehr Akteure am politischen Parkett vertreten. Interessenvertretung geschieht punktueller und zielgerichteter, die institutionalisierten Entscheidungssysteme verlieren an Relevanz.

Politische Parteien sind in Österreich die Hauptträger des politischen Willensbildungsprozesses, da sie auf allen Ebenen direkt in den demokratischen Entscheidungsgremien vertreten sind. Zur Erreichung individueller Zielvorstellungen sind politische Parteien nur so weit geeignet, als diese nicht den ideologischen Zielvorstellungen der Partei entgegenlaufen. Netzwerker, welche sich auf dem politischen Parkett bewegen möchten, sehen sich einem engen Handlungsspielraum gegenüber. Da Mitglieder von Parteien ideologisch zusammengehörende Gruppen bilden und daher sehr homogen sind und einen mehr oder weniger exklusiven Kreis bilden, können Parteien eher als introvertierte Netzwerke betrachtet werden.

In Österreich existiert auch eine Mischform aus Interessenverbänden und politischen Institutionen: die Teilnehmer der Österreichischen Sozialpartnerschaft. Zu ihnen zählen die vier großen Interessenverbände, der Österreichische Gewerkschaftsbund (ÖGB), die Wirtschaftskammer Österreich (WKÖ), die Bundesarbeiterkammer (BAK) und die Landwirtschaftskammer Österreich (LK). Der reale Einfluss der Sozialpartner ergibt sich vor allem aus deren Einfluss auf die Gesetzgebung in Österreich. Über das Netzwerken innerhalb der Sozialpartner kann das gleiche gesagt werden wie für Parteien: Es handelt sich um introvertierte Sub-Netzwerke, in welchen die eigene Zielverfolgung einem ideologischen Interpretationsrahmen unterworfen ist.

Durch den EU-Beitritt Österreichs und die damit einhergehenden Liberalisierungsbemühungen wird der Einfluss der Sozialpartnerschaft zugunsten des unternehmerischen Lobbyismus geringer. Eine der größten Lobbyingvereinigungen Österreichs ist die Vereinigung der Österreichischen Industrie (Industriellenvereinigung). Im Gegensatz zu den Kammern ist die Mitgliedschaft bei dieser Organisation freiwillig, entspricht also eher einem extrovertierten Netzwerktypus. Die Industriellenvereinigung vertritt die Interessen der österreichischen Industrie auf nationaler und europäischer Ebene.

Der gestärkte Einfluss des Lobbyismus zeigt sich auch in der Gründung von Lobbyingverbänden wie zum Beispiel dem Austrian Lobbying & Public Affairs Council (ALPAC) durch mehrere Lobbyingunternehmen. Die Mitgliedschaft in diesem Lobbyingverband setzt einschlägige, mehrjährige Berufserfahrung und die Einhaltung eines strengen Verhaltenskodex voraus. Lobbyingorganisationen und -verbände mit einem solch exklusiven Charakter der vertretenen Mitglieder sind eher den introvertierten Netzwerken zuzuordnen.

Freiwilligenarbeit zur Erhöhung des Netzwerkpotenzials

Freiwilligenarbeit ist eine der wesentlichsten Formen, um das individuelle und auch gesellschaftliche Sozialkapital zu erhöhen. (Robert D. Putnam)

Nachdem über Netzwerktätigkeiten in Österreich keine Statistiken geführt werden, müssen wir die Zahlen über die Freiwilligenarbeit zur Hand nehmen, die die Statistik Austria 2006 erhoben hat: 43,8 Prozent der Österreicher über 15 Jahre leisten in irgendeiner Form Freiwilligenarbeit. Nun kann man diese Prozentzahl nicht auf Vereins- oder Organisationsmitgliedschaften übertragen, da es sich dabei um Leistungen handelt, welche freiwillig und ohne Bezahlung für Personen außerhalb des eigenen Haushaltes erbracht werden. Formelle Freiwilligenarbeit, also organisierte Arbeit, zum Beispiel in Vereinen, wird immerhin von 33 Prozent der Männer und 23,2 Prozent der Frauen erbracht. Ein besonders interessantes Bild liefert der Blick auf die altersmäßige Verteilung der Freiwilligenarbeit, welche zwischen 40 und 49 Jahren ihr Maximum aufweist. Diese Altersgruppe ist offensichtlich am stärksten interessiert, sich aktiv in der Gesellschaft einzubringen, was auch auf ein verstärktes Interesse an Netzwerktätigkeiten schließen lassen könnte. Die mit Abstand meiste freiwillige Tätigkeit findet im informellen Bereich, meist in der Familie oder in Form von Nachbarschaftshilfe statt, die nächst stärkeren Sektoren sind „Kunst, Kultur, Unterhaltung und Freizeit", „Sport und Bewegung" und „Umwelt-, Natur- und Tierschutz" mit teilweise starken geschlechtsbezogenen Unterschieden.

Die Gründe für Freiwilligenarbeit sind unterschiedlich. Als wichtigste Argumente werden Spaß, die Hilfeleistungen anderen gegenüber, das Gewinnen neuer Freunde und das Einbringen der eigenen Fähigkeiten und Kenntnisse genannt. Die unwichtigsten Motive sind die Hoffnung, dadurch einen neuen Job zu finden, und das Fördern der eigenen beruflichen Karriere. Und es ist genau diese Freiwilligenarbeit (Ehrenamtliche arbeiten im Schnitt fünf Stunden pro Woche gratis), die unsere Gesellschaft zusammenhält – über alle Parteigrenzen und soziale Unterschiede hinweg. Krankentransporte, Bergrettung oder Altenpflege, Tier- oder Umweltschutz, um nur einige zu nennen – ohne die unbezahlte Arbeit der vielen Freiwilligen käme es unweigerlich zu einem gesellschaftlichen Kollaps.

Diese Studie zur Freiwilligenarbeit in Österreich zeigt also, dass immerhin beinahe die Hälfte der Österreicher Interesse daran hat, ihr individuelles, außerberufliches Sozialkapital und somit ihr Netzwerkpotenzial zu erhöhen.

Vereine und Klubs

Der Ausspruch „Der Österreicher ist ein Vereinsmeier" entspricht durchaus der Realität: Die Freizeit der Österreicherinnen und Österreicher findet im Verein statt. Immerhin sind 41,1 Prozent der Männer und 26,3 Prozent der Frauen Mitglieder in zumindest einem der über 100.000 gezählten Vereine.

Das Engagement im Verein ist eine sinnstiftende und gemeinschaftsstärkende Tätigkeit, die allen Mitgliedern Freude und Spaß bereitet.

An der Spitze stehen dabei die Turn- und Sportvereine, danach folgen die Sparvereine, gefolgt von Kulturvereinen, Wohltätigkeits- und Fürsorgevereinen, Berufsvereinen, Geselligkeitsvereinen, Garten- und Tierzüchtervereinen und Elternvereinen. Für eine aktive Netzwerktätigkeit können alle Arten von Vereinen interessant sein. Wesentlich ist hierbei immer die Abstimmung auf die jeweilige individuelle Zielsetzung des Netzwerkers.

Die klassischen Vereine, welche vor allem der Netzwerktätigkeit dienen, sind Service- oder Wohltätigkeitsklubs wie zum Beispiel der Lions Club International, Rotary International, Kiwanis, Round Table und rein weibliche Klubs wie die Soroptimistinnen oder der Ladies Circle. Die grundsätzliche Zielsetzung liegt bei allen im humanitären, sozialen, medizinischen, kulturellen oder im Bildungsbereich: Sie setzen sich für das Wohl anderer ein. Diese Klubs unterscheiden sich hauptsächlich in der Art ihrer Exklusivität. Da eine Mitgliedschaft meist auf dem Vorschlag und der anschließenden Entscheidung der bereits vorhandenen Mitglieder basiert, ist sie an bereits vorangegangene Erfolge geknüpft.

Neben diesen bekannten Service-Klubs gibt es auch relativ junge Klubs, wie zum Beispiel das Business Network International (BNI), das als GmbH & Co KG organisiert und somit auch auf Gewinn ausgerichtet ist. Die Mitgliedschaft bei BNI kostet 700 Euro jährlich und ist exklusiv, da aus jeder Berufsgruppe und pro Chapter (Einzelklub) nur eine Person Mitglied sein darf. Die Mitgliedschaft dient dem Vertrieb eigener oder der Beschaffung fremder Dienstleistungen und Produkte durch Empfehlung. Dies geschieht in wöchentlichen, 90 Minuten dauernden Treffen, die einem straffen Ablaufplan folgen. Man könnte BNI als die institutionalisierte Form des Netzwerkens betrachten, wobei manche Faktoren des Netzwerkens nicht beachtet werden, so zum Beispiel die Machtsteigerung durch eine größere Mitgliederzahl, die Frage der Vertrauensbildung zwischen den Partnern und die Gefahr einer wirtschaftlichen Gettoisierung durch die unterdrückte Einholung eines breiteren Angebotsspektrums. Aufgrund der strengen Mitgliederordnung ist BNI als introvertiertes Netzwerk zu betrachten.

TIPP: *Einen guten Überblick über Netzwerkklubs erhalten Sie im Buch „Nobelclubs in Österreich" von Roland Brettschart und Birgit Kofler.*

Frauennetzwerke

Lange war Netzwerken bei Frauen auch in Österreich verpönt, jetzt aber ist die Trendwende da: Frauennetzwerke kommen immer mehr in Mode. Und es geht hier meist nicht mehr um soziale Belange und die Unterstützung der Männer wie in den althergebrachten, traditionellen Frauenklubs, die oft nur Anhängsel der Herrenklubs waren, sondern um Business. Auch viele der bisher nur von Männern besuchten Klubs sind mittlerweile für Frauen geöffnet, und es gibt die sogenannten gemisch-

Frauen sind die fleißigeren und loyaleren Mitarbeiter – laut vielen Studien. Doch wo sind die Frauen in den Vorständen?

ten Klubs, zum Beispiel bei Lions und Rotary. Es hat sich also einiges geändert. Aber noch immer unterschätzen Frauen den Erfolgsfaktor Netzwerken: Nur 27 Prozent meinen, dass netzwerken für die Karriere ausschlaggebend sei. Männer dagegen investieren über 50 Prozent ihrer Zeit aktiv in persönliches Karrieremanagement (Quelle: *Woman*). Auch in Österreich gibt es einschlägige Frauennetzwerke mit dem eindeutigen Ziel, gemeinsam etwas fürs Business zu tun. Einige Frauen haben sogar eigene Frauennetzwerke gegründet, jeweils an ihre eigenen Bedürfnisse angepasst: Monika Kircher-Kohl die Frauen mit Biss(ness) oder Johanna König die BIZLADIES. Und es sind gerade diese erfolgreichen Frauen, die anderen Mut machen, sich selbst etwas zu trauen, sich zu engagieren und selbst Netzwerke zu nutzen.

Eine davon ist *Uschi Fellner,* die Begründerin von Österreichs größtem Business-Netzwerk für Frauen, den Leading Ladies, die jedes Jahr den Leading Ladies Award, die wichtigste österreichische Auszeichnung für Frauen, vergeben:

„Es geht darum, dass man sich Dinge traut, die außerhalb der Norm liegen, und dass man sich abgrenzt. Man hilft mit Kontakten anderen weiter, oder man braucht selber etwas. Wichtig ist, dass man den Überblick bewahrt und nicht wahllos vorgeht, sondern bewusst. Jeder muss für sich selbst entscheiden, was passt …
Ich möchte Frauen Mut machen, sich Dinge zu trauen, von denen andere nicht überzeugt sind. Ihnen Mut machen, zu ihrem eigenen Lebensweg zu stehen. Beruf und Kinder mit Freude zu vereinbaren und es auch endlich auszusprechen, dass das eine riesige Belastung ist. Auch ich bin manchmal überfordert, denn es funktioniert keinesfalls alles reibungslos. Das betrifft die Frau an der Supermarktkasse genauso wie die Generaldirektorin. Klar, die eine hat es finanziell leichter, aber für beide bleibt es eine Gratwanderung. Für mich geht es darum, das auch endlich einmal auszusprechen, dass es den Strahlefrauen genauso geht. Und dass wir alle im Prinzip im gleichen Boot sitzen und uns trauen müssen, Unterstützung einzufordern."

Ich erlebe bei Frauen immer wieder eine gewisse Abneigung, Netzwerke bewusst zu pflegen und auch zu nutzen. „Ich kann doch nicht einfach um Rat fragen oder einen Kontakt ausnutzen, und Zeit hab ich dafür schon gar keine ...“ Das sind Aussagen, um nicht zu sagen Ausreden, die immer wieder gebraucht werden. Es stimmt: Frauen leben durch ihre Doppel- bis Dreifachbelastung als arbeitstätige Mutter, Putzfrau und Ehefrau (bzw. Lebensabschnittspartnerin) oft sehr nahe am Burn-out-Syndrom, besonders weil viele von uns all diese Rollen perfekt ausüben wollen (als alleinerziehende Mutter weiß ich, wovon ich spreche). Da bleibt fürs Netzwerken keine Zeit. Aber was meinen Sie, wie es erfolgreiche Männer zu etwas gebracht haben? Unter anderem genau deshalb, weil sie andere gebeten haben, ihnen zu helfen, weil sie Informationen ausgetauscht haben.

***Tipp:** Wenn Sie eine Arbeit verfassen, setzen Sie Ihren Namen darunter, sprechen Sie über Ihre Leistungen. Melden Sie sich bei Meetings zu Wort, auch wenn Sie dasselbe wie der Vorredner sagen – in Ihren eigenen Worten. Bereiten Sie sich zu den einzelnen Tagesordnungspunkten vor und überlegen Sie, was Sie Sinnvolles beitragen könnten, um positiv in Erinnerung zu bleiben und auf sich aufmerksam zu machen.*

An dieser Stelle möchte ich auch noch ein Problem ansprechen, mit dem ich in meinen Netzwerkseminaren immer wieder konfrontiert werde, nämlich dass Frauen oft Hemmungen haben, Männer anzusprechen. Immer wieder taucht die Frage auf: „Ich kann doch keine wildfremden Männer ansprechen?“

Deshalb mein Appell an alle Frauen – in eigener Sache: Machen Sie den Mund auf! Trauen Sie sich! Nutzen und pflegen auch Sie bewusst und systematisch Ihre Netzwerke.

Genau darum geht es: Schenken Sie sich und Ihrer Karriere die entsprechende Wertschätzung – und damit Zeitressourcen. Haben Sie Mut zur Lücke. Erkennen Sie die Chancen, die es auch für Frauen gibt. Nutzen Sie reine Frauennetzwerke, aber profitieren Sie auch von den Netzwerken mit Männern. Entscheiden Sie sich bewusst dafür, mindestens einen Abend pro Woche für Netzwerkaktivitäten freizuhalten.

Achtung Flirtfalle!

Es gibt da noch einen weiteren Punkt, den vor allem Frauen mit schlechten Erfahrungen immer wieder ansprechen: „Was kann ich tun, damit mein Ansprechen nicht als Flirten interpretiert wird?“ Hier gibt es für mich nur ein Patentrezept: Die Situation möglichst schnell klären: Dass Sie in einer glücklichen Partnerschaft leben, drei Kinder haben und nur an beruflichen Kontakten interessiert sind. So oder ähnlich könnten Sie es angehen, immer an die jeweilige Situation angepasst. Allerdings: Achten Sie auf Ihre Kleidung, Ihre Körpersprache, Ihre Signale. Männer reagieren (unbewusst?) sehr schnell auf einen zu kurzen Rock, einen zu weiten Ausschnitt, auf zu viel Schmuck, zu viel Kosmetik oder Augengeklimper (oder andere Dinge, die wir beim Flirten machen).

Wenn Sie Business machen wollen, müssen Sie das auch ausstrahlen und sich dementsprechend kleiden und benehmen. Aber ehrlich gesagt: Ich habe nichts gegen einen Auftrag, den ich erhalte, weil ich meinem Kunden auch als Frau gefalle. Warum hier nicht einen Vorteil gegenüber der Konkurrenz ausnützen?

Gehen Sie nie alleine essen. (Keith Ferrazzi)

Hören Sie auf zu jammern und werden Sie selbst von sich aus aktiv. Überlegen Sie, wie Sie mit Ihren Netzwerkpartnern regelmäßig in Kontakt bleiben können. Werden Sie sichtbar und fallen Sie mit ungewohnten Aktionen auf. Verschicken Sie Postkarten, die zu Ihnen und Ihrer Arbeit passen, laden Sie mehrere Freunde gemeinsam ein, organisieren Sie ein Treffen zum Punsch, machen Sie zu Hause eine Party. (Das ist besonders praktisch, denn dann brauchen Sie keine extra Kinderbetreuung.) Es muss nichts Extravagantes sein, sondern zu Ihnen passen. Kochen Sie vor, besorgen Sie ein Catering und etwas Besonderes zu trinken. Schauen Sie, dass Sie selbst so wenig Arbeit wie möglich haben und den Abend genießen können. Eine Freundin von mir organisiert in ihrem Büro sogenannte Pink Partys mit Brötchen und rosaroten Drinks – exklusiv für Business-Frauen und jedes Mal ein großer Erfolg.

Tipp: *Für Informationen über Frauenklubs ist die Homepage von www.frauenfakten.at zu empfehlen. Und am Ende des Buches finden Sie eine Übersicht von Netzwerken in Österreich, in dem natürlich auch etliche Frauennetzwerke aufscheinen.*

Noch einmal: Nehmen Sie nicht alles für bare Münze, was Ihnen bislang vermittelt wurde (vor allem in der Erziehung). Denn Frauen sind auch gut in Mathematik, können selbstständig erfolgreich sein, und es lohnt sich, Fremde anzusprechen.

Der Eventkalender der Österreicher

Für das Who is Who von Österreich gibt es eine „Eventmap“, die jedes Jahr gleich aussieht: eine Reihe von Veranstaltungen, bei denen sich die „Wichtigen“ und die „Promis“ treffen – und wo sich viele Möglichkeiten ergeben, mit Spaß und Leichtigkeit zu neuen hilfreichen Kontakten und natürlich auch zu mehr Geschäft zu kommen.

Nach dem Sauschädelessen, nach Neujahr beginnt auch der rot-weiß-rote Eventkalender:

→ Es startet in der Steiermark mit dem *Skispringen am Kulm*, das zwar nicht jedes Jahr stattfindet, aber wenn, dann sind die meisten dabei – mit Nächtigung im Hotel Pichlarn in Irdning und Hubschrauberflug zum Event.

→ Dann kommt das *Hahnenkammrennen in Kitzbühel* mit der legendären Weißwurstparty und unzähligen VIP-Veranstaltungen. Hier gilt immer zu beachten, dass es unterschiedlichste VIP-Kategorien gibt und die guten Hotels, in denen man sich dann am Abend trifft, schon lange im Voraus ausgebucht sind.

→ Am Montag danach geht es gleich weiter zum *Jägerball in Wien* und anschließend zum *Nachtslalom in Schladming*. Dann heißt es wieder, eine Zeitlang arbeiten und ausschlafen – bis zum *Opernball*, den ja die ganze Welt kennt.

→ Die Glanzlichter des Sommers sind zweifellos der *Life Ball in Wien*, mittlerweile eines der größten Charity-Events im Kampf gegen Aids weltweit, und das *Beach-Volleyball-Turnier in Klagenfurt*. Kurz darauf folgen die *Salzburger* und die *Bregenzer Festspiele*, der Marktplatz für das große, internationale Publikum: Eine wunderbare Möglichkeit, Kundinnen und Kunden in spe einzuladen und beachtet zu werden.

→ Daneben gibt es aber eine ganze Reihe von Veranstaltungen, bei denen sich die Gesellschaft trifft: egal ob die *Seefestspiele in Mörbisch*, die *Festspiele Reichenau* oder die *Weinverkostung einer österreichischen Tageszeitung am Pogusch*.

Wobei bei allen Drei-Tages-Events der Samstag der wichtigste Tag ist, an dem die meisten Vorstände, Promis und Politiker anwesend sind. Denn hier geht es nicht nur um die Veranstaltung, sondern in erster Linie um das Sehen und Gesehen werden – und um das Dabeisein. Und ich gebe es zu, auch ich bin immer wieder gerne bei verschiedenen Veranstaltungen dabei – wie wäre ich sonst zu meinen InterviewpartnerInnen gekommen, die meisten habe ich dort angesprochen.

Eine ganz andere Form von Zusammentreffen dagegen verkörpert das *Europäische Forum Alpbach*: „Während der knapp drei Wochen wird Alpbach zum Dorf der DenkerInnen oder nach dem Gründer des Forums, Otto Molden, zum „anderen Zauberberg“. Die Teilnehmer aus allen Teilen der Welt, berühmte Experten aus Wissenschaft, Wirtschaft und Politik beteiligen sich aber nicht nur an den Konferenzen und Seminaren, sie besuchen auch die sogenannten Side-Events. Dabei handelt es sich um reine Networking-Events, bei denen die Teilnehmer aus unterschiedlichsten Fachrichtungen nach Partnern suchen können, die die für ihr Projekt notwendigen Ressourcen wie Finanzierung oder komplementäre Fähigkeiten bereitstellen können. Die Erfolgsbilanz dieser Veranstaltungen zieht sowohl zahlreiche Investoren als auch Menschen mit (Geschäfts-)Ideen zum Netzwerken nach Alpbach.

Solche Treffen gibt es natürlich nicht nur in Österreich, sondern auch auf internationaler Ebene. Dazu *Eva Dichand:*

„Und ich war in Davos beim Weltwirtschaftsforum, wo ich einen Preis gewonnen habe als Young Global Leader. Ich war als einzige Österreicherin unter 40 eingeladen, darauf bin ich wirklich stolz, denn das ist ein elitäres multinationales Treffen.“

Teil 5:
Die Interviews
Gut – besser – Netzwerker

Eva Dichand, *Zeitungsherausgeberin*

„Je erfolgreicher du bist, umso interessanter bist du für die anderen."

Nach der HTL-Matura studierte Eva Dichand an der Wirtschaftsuniversität in Wien. Nach zwei Jahren als Consultant bei Roland Berger war sie im Private Equity-Bereich bei der CA tätig, danach bei der Unternehmens Invest AG (UIAG). Über ihren Mann, *Krone*-Chefredakteur Christoph Dichand, kam sie zum Zeitungsgeschäft: 2005 übernahm Eva Dichand die Gratis-U-Bahn-Zeitung *Heute* und brachte zwei Jahre später das Wochenendmagazin *Live* heraus.

Was heißt für Sie Erfolg? Erfolg heißt für mich, mein Leben so zu gestalten, wie ich es möchte. Die Dinge zu machen, an die ich glaube, und über ausreichend Geld zu verfügen – im Sinne von mehr Freiheit, die dadurch möglich wird.

Was heißt für Sie Netzwerken? Ich mache es nicht bewusst. Für mich ist es ein Geben und Nehmen. Ich komme aus dem Investmentbanking, bin immer zu vielen Veranstaltungen gegangen. Dabei konnte ich feststellen: Je erfolgreicher du bist, umso interessanter bist du für andere. Netzwerken ist nicht alles, man muss in erster Linie gut sein, um Erfolg zu haben. Erst wenn man selbst sehr weit oben ist, kann man auch dementsprechende Leistungen anderer über Netzwerke in Anspruch nehmen.

Wie funktionieren Netzwerke in Österreich? Die mächtigen Netzwerke sind informell, wie zum Beispiel das Sauschädelessen bei Raiffeisengeneral Christian Konrad. Alles läuft hinter den Kulissen auf privater Ebene ab. In Deutschland nennt man das „Verhaberung". Natürlich sind das Seilschaften, rund um Personen und Institutionen.

Was war ausschlaggebend für Ihren Erfolg? Zur richtigen Zeit am richtigen Ort zu sein, und das mit dem richtigen Produkt. Mein Wille, die Energie und der Antrieb, mit dem voranzukommen, was ich mache.

Was war Ihre Erfolgsstrategie? Ich bin relativ jung, habe in meiner Aufbauzeit drei Kinder bekommen, da kannst du nicht einfach aufhören zu arbeiten. Wichtig ist es, ein klares Ziel zu haben. Und dass man die richtigen Leute um sich schart, alle mit einem gemeinsamen Ziel und mit viel positiver Energie. Und als dritter Punkt: Man darf nie aufgeben, muss immer vorangehen.

Was empfehlen Sie anderen für erfolgreiches Netzwerken? *Ich habe nie einen Nachteil gehabt, weil ich eine Frau bin. Im Gegenteil, für viele Podiumsdiskussionen war das sogar ein Vorteil, ich war immer die Quotenfrau. Man muss überzeugt sein von einer Idee oder von einer Person – das ist die Voraussetzung, gepaart mit Sympathie, so funktionieren Netzwerke. Die wirklich guten, starken Netzwerke sind jene aus der Schulzeit und dem Studium, wo man echte Freunde findet. Persönliche Netzwerke sind für mich wichtig, die fangen mich in schwierigen Situationen auf.*

Was betrachten Sie als Ihre persönliche Stärke in Bezug auf Netzwerken? *Ich bekomme die Leute dazu, an mich zu glauben. Die Eigentümer von Handelsketten haben mich von Anfang an gefördert ob meines Elans, mit Werbeeinschaltungen zum Beispiel. Und es geht darum, Chancen zu erkennen. Und ich „kann" mit Menschen, besitze sogenannte soziale Intelligenz.*

In welchen Netzwerken bewegen Sie sich? *Ich bin bei Rotary in einem gemischten Klub. Schon als Studentin war ich bei Rotaract und war für unseren Klub Gründungsmitglied. Für mich ist die Jagd wichtiger als Golf, da ich aus einer Jägerfamilie komme. Dann bin ich in Branchennetzwerken vertreten, der ÖAK, der Österreichischen Auflagenkontrolle, da wurde ich automatisch kraft meiner Funktion Mitglied.*

Und ich war in Davos beim Weltwirtschaftsforum, wo ich einen Preis gewonnen habe als Young Global Leader. Ich war als einzige Österreicherin unter 40 eingeladen, darauf bin ich wirklich stolz, denn das ist ein elitäres multinationales Treffen.

Vereinsmeier gehen mir auf die Nerven. Da gibt es so viele Pseudo-Freunde, die sind nur in guten Zeiten da, solange du jung, hübsch und erfolgreich bist. Ich nehme auch keinen Aufsichtsratposten an, da mein Fokus auf der Firma und der Familie liegt.

Abschlussbotschaft? Zu Beginn der Karriere ist Netzwerken sehr hilfreich und unterstützt den Austausch. Es ist wichtig, die Kontakte langfristig zu pflegen. Je weiter oben du bist, umso besser musst du sein. Und Entscheidungen musst du immer selbst treffen. Netzwerken nur mit Broschüren bringt wenig.

Günter Dörflinger, *Vorstand der Christof Group*

„Du kannst selbst nicht alles wissen und können."

Günter Dörflinger war langjähriges Regierungsmitglied der Steiermärkischen Landesregierung, danach Manager der Steirischen Gas-Wärme Holding und ist heute Vorstand der Christof Group, verantwortlich für die Bereiche Personal, Organisation und Kommunikation.

Was heißt für Sie Netzwerken? *Netzwerke haben heute vielfach zu Recht einen schlechten Beigeschmack. Dafür kann der Begriff nichts. Neutral gesehen bedeutet das für mich die Demut vor den eigenen Stärken und Schwächen, das heißt, zu akzeptieren, dass man selbst nicht alles weiß und alles kann. Und deshalb braucht man zur Entscheidungsfindung und dann auch zur Umsetzung von Zielen Menschen, die einen begleiten, unterstützen und einem Inputs geben. Das ist eine Grundeinstellung, und es ist zugleich auch faszinierend: sich selbst zurücknehmen zu können, nicht den allwissenden Halbgott zu spielen und die Stärken und das Wissen des anderen sinnvoll einzubauen. Du kannst selbst nicht alles wissen und können. Wenn mir heute einer sagt, dass er keine Netzwerke im positiven Sinn braucht, muss er entweder Nobelpreisträger oder Grenzgenie sein.*

Man braucht in allen Bereichen Menschen, die auf anderen Gebieten mehr Wissen haben und so mehr bewegen können. Wenn ich ein medizinisches Problem habe, erwarte ich von meinem Arzt nicht, dass er alles selbst macht, sondern dass er weiß, wer die besten Spezialisten in dem jeweiligen Fachgebiet sind, diese kennt und mit ihnen die für mich beste Lösung sucht. Ein anderes Beispiel aus dem Gesundheitsbereich: In meiner politischen Funktion war es essenziell notwendig, beim politischen Mitbewerber Persönlichkeiten zu haben, mit denen man Lösungen vereinbaren konnte, und die dann auch zu diesen Maßnahmen standen. Denn ohne Mehrheit wäre es nicht möglich gewesen, etwas umzusetzen. Ohne breites Netzwerk in der Ärzteschaft, dem Spitalsmanagement und bei den Vertretern des politischen Mitbewerbers, aber auch in den Medien wäre es unmöglich gewesen, dringend notwendige, zum Teil auch unpopuläre Maßnahmen zu setzen.

Was war ausschlaggebend für Ihren Erfolg? Ich glaube, es war von Jugend an ganz einfach das Engagement und die Begeisterung, etwas weiterzubringen. Angefangen vom Schulsprecher und dann als Landes- und Bundesschulsprecher. In dieser Zeit habe ich viel gelernt und bin Menschen begegnet, die mich für mein späteres Leben geprägt haben. Wesentlich war am Beginn meine Mutter, die mir unter schwierigsten Bedingungen die Ausbildung ermöglicht hat. Kurz gesagt: Viel Engagement und auch Glück waren die Meilensteine zum Erfolg.

Hatten Sie eine Erfolgsstrategie? Strategie würde heißen, ich hätte von Anfang an ganz klare Vorstellungen über Wege und Ziele gehabt. Das war überhaupt nicht so. Im Nachhinein gesehen war einer der wesentlichen Faktoren sicher mein extrem offener und liberaler Zugang zu Menschen. Es war mir immer ein Gräuel, Menschen aufgrund ihrer politischen Zugehörigkeit, ihrer religiösen Orientierung oder was auch immer abzustempeln. Ich habe ganz einfach die Erfahrung gemacht, dass nicht alle „Roten" total super und alle „Schwarzen" oder „Blauen" oder „Grünen" furchtbar sind. Viele meiner persönlichen Freunde hatten und haben eine andere politische Orientierung als ich. Ich akzeptiere und respektiere sie. Schwarzweiß-Malerei habe ich immer strikt abgelehnt, es gibt immer verschiedene Blickwinkel und viele Facetten.

Mein Grundprinzip für alle Lebensbereiche ist: „Wie bringe ich etwas weiter?" Und nicht: „Wie kann ich etwas verhindern oder schlecht machen?" Wie kann man aus den unterschiedlichsten Vorstellungen, die es immer gibt, gemeinsame Vorgehensweisen entwickeln und einen Interessensausgleich finden? Sich auf Kosten anderer zu profilieren, bringt meiner Meinung nach nichts.

Was empfehlen Sie anderen für erfolgreiches Netzwerken? Ich empfehle niemanden irgendwas. Jeder soll seinen eigenen Weg gehen. Wer nur um des persönlichen Vorteils wegen agiert, wird sofort durchschaut, mittel- oder längerfristig sind solche Menschen zum Scheitern verurteilt.

Netzwerke im positiven Sinn funktionieren nur dann wirklich, wenn sie auf Ehrlichkeit und Offenheit aufgebaut sind. Alles andere hat für mich keinen Wert. Jeder, der glaubt, dass er dabei ist, wenn er sich mit jemandem im VIP-Klub trifft, der irrt.

In welchen Netzwerken bewegen Sie sich? *Wenn du als Typ nicht bereit bist, mit den Menschen offen und vorurteilsfrei zu kommunizieren, kannst du nirgends etwas bewirken. Dann ist es egal, ob du kegelst, jagst oder Briefmarken sammelst. Wenn du nur über andere schimpfst und jammerst, sagst, dass sie nichts können, dann ist alles umsonst. Es geht um die Grundeinstellung, wie man sich dem anderen nähert. Ich habe sehr viele langjährige enge Freunde. Für mich sind jene Typen von Mensch faszinierend, die – egal in welcher Position sie sind – ihre Persönlichkeit nicht verändern. Gerhard Zeiler, Hans Mahr, Andreas Rudas kenne ich seit über 30 Jahren. Ein Hannes Androsch, Bruno Kreisky, Karl Blecha, Helmut Zilk oder Franz Vranitzky haben mich geprägt. Für mich ist faszinierend, was ein Horst Pirker aus der Styria gemacht hat. Es gibt da noch viele Persönlichkeiten in meinem Leben, die mich positiv beeinflusst haben.*

Hatten Sie Vorbilder? *Es gibt einige wirklich prägende Menschen in meinem Leben, ich habe sie vorher schon angesprochen. Wesentlich war darüber hinaus mit Sicherheit mein Großvater, ich bin bei den Großeltern aufgewachsen. Er hat viel zu meiner offenen, sozial orientierten liberalen Grundeinstellung beigetragen. Er war überzeugter Sozialdemokrat, er war wirklich gläubig, ist praktisch jeden Sonntag in die Kirche gegangen.*

Da war Hofrat Göbhart, er war der Direktor meiner Mittelschule, ein Katholik, überzeugter Antifaschist. Ein offener, liberaler Mensch der Jugend gegenüber, der uns so viel Freiraum gab, dass wir uns entfalten konnten.

Und da waren Fred Sinowatz, der mich ab meiner Schulzeit begleitete, und Bruno Kreisky, der mich so fasziniert hat, weil er etwas erreichen wollte. Wie er Österreich in zehn Jahren verändert hat. Wie er das Land in der Welt präsentiert hat. Das ist ganz einfach faszinierend.

Hatten Sie Mentoren? *Es hat viele Menschen in meinem Leben gegeben, denen ich sehr viel zu verdanken habe. Ich werde das auch nie vergessen. Ich habe sie vorher aufgezählt. Karl Blecha und Peter Schachner. Auch Helmut Zilk hat mich immer unterstützt. Ich habe aber immer versucht, meinen eigenen Weg zu gehen. In der Politik hat mir das nicht immer nur genützt. Das war letztendlich auch ausschlaggebend dafür, dass ich komplett umgestiegen bin.*

Abschlussbotschaft? *Zurzeit ist der Begriff Netzwerk in der öffentlichen Diskussion sehr negativ besetzt. Gerade für die Positionierung Österreichs im internationalen Umfeld ist das nicht gut.*

Es ist notwendig, über den Tellerrand hinauszuschauen, zu beobachten, was sich gerade außerhalb Europas, etwa in Indien, in China tut. Und nicht zu glauben, dass es rundherum nur „Bloßfüßige" gibt, die nichts weiterbringen. Gerade als kleines Land sollten wir internationale Netzwerke knüpfen, die uns fit für die Zukunft machen, damit wir die Chancen und Möglichkeiten, die sich uns bieten, auch umsetzen können.

Uschi Fellner, *Journalistin und Herausgeberin*

„Haben Sie den Mut, sich Dinge zu trauen."

Uschi Fellner begann ihre journalistische Laufbahn mit 20 beim Jugendmagazin *Rennbahn-Express*. 1992 gründete sie gemeinsam mit ihrem Ehemann Wolfgang Fellner das Wochenmagazin *News*. 2001 gründete Uschi Fellner das Frauenmagazin *Woman*, das unter ihrer Führung zum großen wirtschaftlichen Erfolg des von ihr und ihrem Mann gegründeten *News*-Verlags wurde. 2006 gründete sie gemeinsam mit Wolfgang Fellner die Tageszeitung *ÖSTERREICH*, in der die vierfache Mutter als Mitherausgeberin und Chefredakteurin verantwortlich zeichnet. Ihre tägliche Kolumne „Kein Tag wie der andere" ist mittlerweile Österreichs meistgelesene Frauenkolumne. 2007 entwickelte Uschi Fellner *MADONNA*, Österreichs auflagenstärkstes Frauenmagazin. Und last but not least ist Uschi Fellner die Begründerin von Österreichs größtem Business-Netzwerk für Frauen, den Leading Ladies ÖSTERREICH, die seit 2007 jedes Jahr die Leading Ladies Awards, die wichtigsten österreichischen Auszeichnungen für Frauen, vergeben.

Was heißt für Sie Netzwerken? Für mich heißt es, alles zulassen. Ich wähle Kontakte nicht nach dem aus, was es mir bringt, sondern nach Sympathie. Das hat mir schon viele Freundschaften eingebracht, da ich nicht berechnend vorgehe. Und ich vermittle gerne, das macht mir Spaß, ich denke, das ist das Geheimnis.

Was war ausschlaggebend für Ihren Erfolg? Die wesentliche Säule ist, das ich davon überzeugt bin, das ich das, was ich mache, auch kann. Netzwerke helfen nur am Anfang. Später greift dann das Netzwerk auf dich zurück, und oben wird es immer dünner und selektiver.

Hatten Sie eine Erfolgsstrategie? Disziplin. Das klingt zwar altmodisch, doch Ziele kann man nicht so nebenher erreichen. Wichtig ist auch, dass man Freude an der Sache hat. Für mich muss es immer spannend bleiben. Ich stelle gerne etwas auf die Beine und bringe es zum Laufen. Wenn es einmal läuft, dann schaue ich mich um, wo es etwas Neues gibt.

Was empfehlen Sie anderen für erfolgreiches Netzwerken? Netzwerke funktionieren nur gut, wenn sie fließen. Die Balance zwischen Geben und Nehmen muss stimmen. Die Mischung der Beteiligten muss ausgewogen sein. Alles muss – vergleichen wir es mit einer Tischordnung – gut durchdacht sein. Ganz wichtig ist aber, dass man immer auch Raum für Spontanität zulässt. Die besten Kontakte ergeben sich oft spontan. Zumindest in meiner Laufbahn war das so. Vielleicht geht man auch instinktiv auf die „richtigen" Menschen zu, wenn man erst einmal ein Gefühl dafür entwickelt hat.

Was empfehlen Sie jungen Frauen, die Karriere machen wollen? Sie sollen sich andere Frauen anschauen, die bereits die Position haben, die sie erreichen wollen. Sie sollen sie kontaktieren und mit ihnen reden. Diese Frauen sind zugänglicher, als man glaubt. Bei mir melden sich immer wieder junge Frauen für Interviews, für Studien oder andere Sachen. Da ergeben sich oft zusätzliche Synergien. Meine heute beste Mitarbeiterin kam wegen eines Interviews zu mir, und sie war wahnsinnig lästig, sie ist dreimal aufgetaucht. Diese Hartnäckigkeit hat mir imponiert, denn es gehört großer Mut dazu, immer wieder anzuklopfen. Und beim vierten Mal hat es dann geklappt. Und sie ist bei mir picken geblieben, hat eine erfolgreiche journalistische Laufbahn begonnen und ist heute Chefredakteurin.

Es geht darum, dass man sich Dinge traut, die außerhalb der Norm liegen, und dass man sich abgrenzt. Man hilft mit Kontakten anderen weiter, oder man braucht selber etwas. Wichtig ist, dass man den Überblick bewahrt und nicht wahllos vorgeht, sondern bewusst. Jeder muss für sich selbst entscheiden, was passt. Und man muss gut überlegen, ob man eine Nummer weitergibt. Falls nichts zurückkommt, geht es auch darum, das forsch einzufordern, vor allem für uns Frauen. Und es ist wichtig, dass sich Frauen, die erfolgreich sind, auch zur Verfügung stellen. Ich nehme mir dafür öfter – in einem angemessenen Zeitraum natürlich – 30 Minuten für andere Zeit. Dabei entstehen oft Sachen, von denen man auch selbst profitieren kann.

Was betrachten Sie als Ihre persönliche Stärke in Bezug auf Netzwerken? Menschen zusammenzubringen macht mir Spaß. Man sagt auch von mir, dass ich das gut kann. Ich sehe die Sache spielerisch, und es macht mir Freude, *etwas in Bewegung zu bringen und Menschen zu vernetzen – am liebsten für einen karitativen Zweck.*

In welchen Netzwerken bewegen Sie sich? *Nur in meinen eigenen. Ich bin in keinem Klub oder Business-Netzwerk, obwohl ich viele Angebote hatte, doch dafür habe ich keine Zeit.*

Wie funktionieren die Leading Ladies? *Das Ziel ist es, Frauen aus den unterschiedlichsten Bereichen zusammenzubringen. Und den Leserinnen die Möglichkeit zu geben, einen leichten Zugang zu Profis zu bekommen, zu einem geringen Stundensatz.*

Inzwischen haben wir an die 1000 Frauen dabei, aus den unterschiedlichsten Bereichen, Ärztinnen, Juristinnen, Unternehmerinnen. Dazu gibt es regelmäßige Veranstaltungen mit Künstlerinnen und Autorinnen, Diskussionen und Gespräche. Sehr gut funktioniert die Jobbörse, die extrem erfolgreich ist. Hier können unsere Ladies ihre freien Jobs posten und kommen so schnell zu sehr guten Mitarbeitern. Da habe ich schon ein sehr gutes Feedback.

Wie funktionieren Netzwerke in Österreich? *Sehr gut. Wirtschaftliche Netzwerke sind sehr männlich dominiert. In weibliche Netzwerke habe ich nicht viel Einblick, außer in mein eigenes. Ohne persönliches Netzwerk kommt man nicht aus. Für Frauen mit Kindern, die ihren Beruf ausüben, ist es absolut notwendig. Zuerst muss es zu Hause gut rennen, dann kannst du dich auf den Beruf konzentrieren.*

Abschlussbotschaft? *Ich möchte Frauen Mut machen, sich Dinge zu trauen, von denen andere nicht überzeugt sind. Ihnen Mut machen, zu ihrem eigenen Lebensweg zu stehen. Beruf und Kinder mit Freude zu vereinbaren und es auch endlich auszusprechen, dass das eine riesige Belastung ist. Auch ich bin manchmal überfordert, denn es funktioniert keinesfalls alles reibungslos. Das betrifft die Frau an der Supermarktkasse genauso wie die Generaldirektorin. Klar, die eine hat es finanziell leichter, aber für beide bleibt es eine Gratwanderung. Für mich geht es darum, das auch endlich einmal auszusprechen, dass es den Strahlefrauen genauso geht. Und dass wir alle im Prinzip im gleichen Boot sitzen und uns trauen müssen, Unterstützung einzufordern.*

Monika Kircher-Kohl, *Vorstandsvorsitzende der Infineon Technologies Austria AG*

„Wichtig sind Professionalität und Respekt."

Die WU-Managerin des Jahres 2008 war ab 1991 zehn Jahre lang Vizebürgermeisterin von Villach, ehe sie 2001 in den Vorstand von Infineon wechselte. Im Jänner 2006 übernahm sie die Standortleitung Villach, seit Juni 2007 fungiert Monika Kircher-Kohl als Vorstandsvorsitzende, verantwortlich für die Sektoren Finanzen, Produktion, Human Resources und IT.

Was heißt für Sie Netzwerken? Ich muss zuerst einmal zwischen Netzwerk und Seilschaft unterscheiden. Seilschaften bedeuten für mich ein gegenseitiges sich Hineinhieven. Netzwerken dagegen passiert auf Augenhöhe, professionell und mit einem gemeinsamen Ziel, zum Beispiel zur Bewältigung von neuen Verfahren. Firmen können nur dann erfolgreich sein, wenn sie einen professionellen Umgang mit Netzwerken pflegen.

Wie funktionieren Netzwerke in Österreich? Österreich ist geprägt durch seine Kleinheit. Man kennt sich. Und so kann vieles auf dem kurzen Weg – telefonisch oder bei einem Treffen – erledigt werden.

Was war ausschlaggebend für Ihren Erfolg? Beharrlichkeit, Weiterbildung, Hartnäckigkeit und eine Tiefe fürs Thema. Menschen, die mir Chancen gegeben haben, mich gefördert haben. Aber auch der Mut, Chancen anzunehmen, und nicht zu vergessen – Glück.

Hatten Sie eine Erfolgsstrategie? Nein. Ich habe mich immer bemüht, authentisch zu sein – privat und beruflich. Aber immer habe ich das Ziel einer Aufgabe vor Augen. Ich will eine Arbeit immer besser machen und ihr auch gewachsen sein.

Was empfehlen Sie anderen für erfolgreiches Netzwerken? Bei mir hat es sich bewährt, aus früheren Berufen Kontakte mitzunehmen. Leute, die einem sympa-

thisch sind – nur wenige, aber dafür wichtige. Und diese Kontakte müssen gepflegt werden.

Mir ist Professionalität wichtig. Dass heißt, dass die Distanz und ein Mindestmaß an Respekt gewahrt werden müssen. Dazu gehört beispielsweise, dass die Kontaktaufnahme besser über E-Mail als mit einer langen Geschichte am Telefon erfolgt. Dass man der Sekretärin oder dem Sekretär nicht erzählt, dass man ein langjähriger guter Freund des Chefs sei, um jemanden zu erreichen. Oder dass man nicht noch am Abend um 23 Uhr ein Thema besprechen will. Zusammengefasst geht es mir darum, dass ein Problem nicht zu mir herübergeschoben wird, sondern dass ich sofort den Nutzen des Anliegens erfassen kann.

Was ist Ihre Stärke in Bezug auf Netzwerken? Ich habe viele Interessen – bis hin zu Kunst, Politik und Industrie. Da bin ich sehr vielschichtig.

In welchen Netzwerken bewegen Sie sich? In firmenbezogenen Netzwerken, die hilfreich für meine Tätigkeit sind: Industriellenvereinigung, Fachverbände. Bildung ist für mich ein äußerst wichtiges Thema. In Villach habe ich die Frauen mit Biss(ness) gegründet. Dafür habe ich jetzt leider keine Zeit mehr.

Abschlussbotschaft? Eines meiner Anliegen ist es, Frauen für technische Berufe zu begeistern. Wichtig sind mir auch optimale Rahmenbedingungen für die Vereinbarkeit von Beruf und Familie – ich bin selbst Mutter von zwei Kindern.

Christian Konrad, *Generalanwalt Österreichischer Raiffeisenverband*

„Wie man in den Wald hineinruft, so kommt es zurück."

Nach dem Studium der Rechtswissenschaften trat Christian Konrad 1969 in die Raiffeisenlandesbank Niederösterreich-Wien ein. Er ist sowohl Aufsichtsratspräsident der Raiffeisenlandesbank Niederösterreich-Wien als auch der Raiffeisen Zentralbank Österreich AG. Aus seinen Spitzenpositionen im Raiffeisen-Sektor ergibt sich eine Anzahl von Aufsichtsratsfunktionen.

Was heißt für Sie Netzwerken? Das ist ein Begriff, der im Trend ist, den ich aber nicht gerne verwende. Ich bin schon lange im Geschäft, kenne viele Leute, mag Menschen grundsätzlich und pflege Beziehungen, nicht nur Freundschaften, sondern Beziehungen generell. Wenn es ein interessanter Kontakt ist, halte ich diesen aufrecht. So entwickeln sich sehr oft Dinge, die nicht unmittelbar mit dem Geschäft zu tun haben. Wenn man in der Öffentlichkeit steht, kommen auch immer wieder Menschen mit Anliegen auf einen zu. Mein Job bringt es mit sich, dass mich viele Leute kennen. Ich versuche, mit allen ordentlich umzugehen, dann gehen sie auch mit mir gut um.

Wie funktionieren Netzwerke in Österreich? Das Land ist zu klein dafür, dass maßgebliche Unternehmensführer sich persönliche Feindschaften leisten sollten. Österreich ist überschaubar, man kennt einander und geht anständig miteinander um. In Wien begegnet man einander ständig: Zu Mittag in einem Lokal sehe ich 15, 20 Leute, die ich kenne. Wien ist überschaubar. Deshalb läuft auch sehr viel über den informellen Weg. Wenn man Konzerte oder Restaurants besucht, begegnet man denselben Menschen, und es ist immer Zeit für ein paar Worte; auf dem Postweg wäre das viel schwieriger.

Obwohl wir ein föderalistisches Land sind, läuft in Wien vieles zusammen: Hier spielt die Musi! Die meisten Unternehmen und natürlich auch die Regierung haben ihren Sitz in der Bundeshauptstadt. In Deutschland dagegen gibt es eine Reihe von Schwerpunkten: Berlin, München, Frankfurt, Düsseldorf …

Und noch einen Unterschied gibt es: Bei uns gibt es keine Eliteschulen wie zum Beispiel in Frankreich oder Amerika. Diese Schulen binden sehr stark – das gibt es bei uns in dieser Form nicht.

Was war ausschlaggebend für Ihren Erfolg? *Arbeit, Fleiß, Lernbereitschaft, Einsatz und ein ordentlicher Umgang mit Menschen.*

Hatten Sie eine Erfolgsstrategie? *Nein, nur ein ordentliches Maß an Ehrgeiz mit nur wenig Egoismus. Ich bin keiner, der wissentlich zulasten anderer Karriere macht. Ich bin anderen nicht auf die Schulter gestiegen, um höher zu steigen. Zielstrebig war ich aber schon. Ich wollte in dem Unternehmen, bei dem ich begonnen habe, auf Landesebene Generaldirektor werden. Das wurde ich nicht, dafür aber Obmann. Diese Funktion besaß keinen besonders hohen Stellenwert in der Öffentlichkeit – das hat sich dann offenbar aufgrund meiner Aktivitäten geändert. Es war auch nicht mein Lebensziel, Landesjägermeister zu werden. Ich bin über meinen Vater zur Jagd gekommen. Die Jäger kannten mich aus meinem beruflichen Umfeld und sind auf mich zugekommen. Bei der Wahl hatte ich zwei Gegenkandidaten, beide waren Politiker. Vermutlich zählte mein Hintergrund mehr, nämlich meine Tätigkeit in der Wirtschaft.*

Welche Netzwerke halten Sie für sinnvoll? Welche Netzwerke empfehlen Sie? *Es ist egal, in welchem Netzwerk man sich engagiert. Die Frage ist: Was macht man daraus? Die Jagd zum Beispiel ist an und für sich etwas völlig Neutrales. Man kann sie missbrauchen oder dazu verwenden, um Kontakte aufzubauen – und das gilt für alle Vereine und Organisationen.*
Aufgrund meiner beruflichen Aktivitäten kenne ich viele Leute. Das ist ein großes Revier, und deswegen bin ich auch in viele andere Bereiche hineingeraten. Den Steirern war es vorbehalten, mich für die Kirche zu gewinnen. Pater Karl, der Superior von Mariazell, hat mich gefragt, ob ich mich engagieren will. Und ich habe mich gefragt: Wie kommt der auf mich? Damals hat Landeshauptmann Krainer mich empfohlen, und zwar mit den Worten: „Der Niederösterreicher, der passt scho."
Sport habe ich übrigens – fast immer – vermieden.

Was ist Ihre persönliche Stärke in Bezug auf Netzwerken? *Ich mag Menschen und gehe ordentlich mit ihnen um – das ist es, Punkt aus. Fakt ist, dass ich Dinge, die ich verspreche, sehr prompt erledige. Übrigens nicht immer im*

Sinne des Gesprächspartners. Verlässlichkeit und Ja/Nein-Entscheidungen, das sind meine Stärken. Und das hält dann auch.

Ich hasse nichts mehr als Menschen, die lau sind, die sich nicht entscheiden können. Ich will wissen, woran ich bin. Mir ist eine klare Sprache sehr wichtig.

Was empfehlen Sie anderen für erfolgreiches Netzwerken? Zu glauben, dass man über Netzwerke beruflich weiterkommt, ist ein Trugschluss. Am Anfang stehen Arbeit, Fleiß, Lernfähigkeit, soziale Intelligenz. Alles andere kommt von allein.

Mir sind Leute zutiefst zuwider, die auf mich zukommen, mit den Worten: „Ich wollte schon immer einmal mit Ihnen reden ..." Da muss ich mich zusammennehmen, um höflich zu bleiben.

Wie sollen die Menschen dann auf Sie zugehen? Sie sollen mit ihrem Anliegen direkt zur Sache kommen, klar wissen, was sie wollen – so soll jemand zu mir kommen. Dann hört er von mir ein klares Ja oder Nein. Sonst werde ich schnell ungeduldig und frage nach: „Was wollen Sie, dass ich tu´?" Ich bin einer, der es gewohnt ist, die Dinge so schnell wie möglich abzuarbeiten. Schauen Sie sich meinen Schreibtisch an: Er ist komplett aufgeräumt. Ich mache alles gleich, ich schiebe nichts auf. Das liegt daran, dass ich mit den verschiedensten Themen aus allen Lebensbereichen konfrontiert bin. Ich muss alles gleich erledigen. Dazu benötige ich ein gut funktionierendes Sekretariat, Assistentin heißt das jetzt. Ich organisiere meine Termine so, dass ich Halbstundentermine habe, dazwischen kann ich etwas arbeiten.

In welchen Netzwerken bewegen Sie sich? Bei Raiffeisen und seinen Beteiligungen, in der Jagd als Landesjägermeister von Niederösterreich, in der Kultur zum Beispiel in der Albertina, für die Kirche engagiere ich mich für „Mariazell braucht unsere Hilfe" und „Unser Stephansdom", in der Wissenschaft für die Ludwig Boltzmann Gesellschaft, auf dem sozialen Sektor für Rotary. Und ich bin Ehrenmitglied einer Studentenverbindung.

Wie halten Sie Kontakte aufrecht? Gelegentliche Treffen, Einladungen. Ich habe ein gutes Personengedächtnis, gehe auf die Leute zu und zeige, dass ich sie kenne. Ich habe für alle ein persönliches Wort, das schafft Sympathie. Da spielt die Jagd auch eine Rolle, Jagdleidenschaft verbindet. Wenn jemand mit einem Weidmannsheil auf mich zukommt, weiß ich, dass das ein Jäger ist, dann ist das Eis gebrochen. Bei Raiffeisen gibt es viele Jäger, da kennt man sich halt.

Abschlussbotschaft? *In Wirtschaft und Gesellschaft ist es unverzichtbar, aufeinander zuzugehen – mit der Maßgabe, dem anderen gegenüber positiv eingestellt zu sein. Ich glaube an das Gute im Menschen – bis zum Beweis des Gegenteils.*

Und noch ein Wort zur aktuellen Situation: Wirtschaft ist grundsätzlich etwas Positives, vor allem wenn sie den Menschen dient. Manager sind normalerweise keine Idioten, und Bankmanager sind keine Gauner.

Ronnie Leitgeb, *Coach von Spitzensportlern und Mentaltrainer*

„Täglich zwei Dinge lernen und auf die Harmonie des persönlichen Umfelds achten."

Neben Thomas Muster, den Ronnie Leitgeb an die Weltspitze im Tennis führte, trainierte er auch Andrea Gaudenzi, die langjährige Nummer Eins in Italien. Danach absolvierte er eine Ausbildung zum Diplom-Mentalcoach und Master of Health and Fitness. Zurzeit ist Leitgeb unter anderem Manager des österreichischen Schwimmstars Markus Rogan, des Tennisaufsteigers des Jahres 2010, Jürgen Melzer, und des ATP-Tennisweltmeisters Nikolay Davydenko sowie Eigentümer der Firma Camp Health & Fitness.

Was heißt für Sie Netzwerken? *Die Nähe zu Menschen zu suchen, von denen ich lernen kann. Erfahrungsaustausch mit meinem Umfeld zu haben, das mir dabei hilft, das, was ich tun will, umzusetzen.*

Wie funktionieren Netzwerke in Österreich? *In Österreich kennt jeder jeden. Es ist alles klein und überschaubar. Das ist eine spezielle Situation – auf Basis der kleinen räumlichen Einheit –, die Österreich ausmacht. Es gibt hier mehr Berührungspunkte als anderswo. Ganze Generationen wachsen gemeinsam auf. Ich kenne zum Beispiel alle erfolgreichen 59er-Jahrgänge.*

Was war ausschlaggebend für Ihren Erfolg? *Ich hatte eine Vision. Und das gepaart mit Mut zur Intensität und Emotionalität. Entscheidend waren mein Durchhaltevermögen, die Disziplin, die Fokussierung auf eine Sache ohne Rücksicht auf Verluste. Niederlagen und Rückschläge betrachtete ich als zusätzliche Motivation, Selbstzweifel wurden zur emotionalen Triebfeder. Und die Bereitschaft, sich coachen zu lassen.*

Hatten Sie eine Erfolgsstrategie? *Man muss sich zu seinen Stärken und Schwächen bekennen. Ich bin zum Beispiel besonders pingelig. Andere verzweifeln darüber, mir hat es weitergeholfen. Man muss sich über sein Ziel klar sein, den Zugang dazu suchen und die Strategie dafür erarbeiten.*

Welche Netzwerke halten Sie für sinnvoll? Welche Netzwerke empfehlen Sie? *Ich empfehle, das zu tun, was du gerne machst. Und wenn du dich in Netzwerken bewegst, zu erkennen, wer die tragenden Säulen sind, und ihr Verhalten zu analysieren.*

Als ich mit 25 Jahren mit all den Kapazundern im Tennismanagement zusammengesessen bin, habe ich ihr Tun aufgesaugt, ständig alles analysiert. Und daraus für mich Verhaltensmuster entwickelt.

Für mich sind Netzwerke im Sport wichtig, was aber gut auf das Leben generell umgelegt werden kann. Es ist elementar, die richtige Umgebung zu haben und leistungshemmende Faktoren zu beseitigen. Zum Beispiel beim Coaching für Jürgen Melzer. Hier bin ich der Teamleader. Ich muss dafür sorgen, dass sein Umfeld harmoniert.

Was sehen Sie als Ihre persönliche Stärke in Bezug auf Netzwerken an? Erstens stelle ich mir die Frage: „Wie mache ich meinen Coachee erfolgreich?" Beispiel Markus Rogan: Bei ihm ging es um die Frage, ob er die Leistung überhaupt noch bringen kann, das war ein mentaler Diskurs. Und nach der Beantwortung dieser Frage kam sein Comeback. Erst danach die Netzwerktätigkeit, die Suche nach den passenden Trainern, dem sportlichen Umfeld, dem Partner. Gerade Einzelsportler brauchen ein kompetentes, zulieferndes Netzwerk.

Zweitens: Ich bin extrovertiert. Ich scheue mich nicht, Menschen anzusprechen. Natürlich hilft es, wenn man in der Öffentlichkeit bekannt ist. Es ist leichter, einen Termin zu bekommen. Und dann ist da ja noch die Theorie, dass die ersten sieben Sekunden entscheiden.

Was empfehlen Sie anderen für erfolgreiches Netzwerken? Du musst von dir selbst und dem, was du tust, überzeugt sein. Die Menschen spüren, wie sehr du hinter einer Sache stehst, spüren deine Ausstrahlung. „Schleimen" allein reicht bei Weitem nicht aus. Nehmen Sie sich bewusst Leute in Ihr Netzwerk, die kompetent sind.

In welchen Netzwerken bewegen Sie sich? In erster Linie sind es die internationalen Sportbehörden. Aber auch wirtschaftliche Netzwerke sind wichtig, bis hinein in die Marketingabteilungen der Firmen, mit denen ich zusammenarbeite. Im Spitzensport brauche ich aber auch medizinische Netzwerke für die optimale Betreuung meiner Klienten.

Abschlussbotschaft? *Die besten Sportler sind die, die bereit sind, sich coachen zu lassen. Natürlich setzen sie eine große Aufmerksamkeit in die Qualität des Coachings. Der pädagogische Prozess darf nicht abreißen, daher ist der Coach gefordert, täglich zwei Dinge zu lernen. Falls eine Botschaft bei meinen Schützlingen nicht ankommt, brauche ich noch eine zweite, die sie interessieren könnte. Dies kann aber nur funktionieren, wenn ein harmonisches Grundverständnis voller Respekt zwischen Coach und Coachee herrscht.*

Hubert Neuper, *Eventmanager, selbst ernannter „Tausendsassa"*

„Du musst beseelt sein von deiner Idee."

Der zweimalige Gewinner der Vierschanzentournee und zweifache Silbermedaillengewinner bei Olympischen Spielen zählte in jungen Jahren zum österreichischen Skisprungwunderteam. In seiner Funktion als Chef der Österreichischen Sporthilfe (1997 bis 2000) rief er die World Sports Awards of the Century ins Leben. Bis 2005 hatte Hubert Neuper einen Sitz im Aufsichtsrat der Stiftung der Laureus Awards, die als Nachfolgeveranstaltung des von ihm ins Leben gerufenen World Sports Awards installiert wurde. Zudem ist er Geschäftsführer der Neuper Group GmbH, die den Skiflugweltcup am Kulm organisiert.

Was heißt für Sie Netzwerken? Ich habe immer offen und ohne Hintergründe über meine Interessen gesprochen. Du musst brennen für das, was du machst. Dein Gegenüber muss das spüren und wird dir dann auch bei deinem Anliegen helfen.

Was war ausschlaggebend für Ihren Erfolg? Für mich war von Kindesbeinen an die Leidenschaft ausschlaggebend. Ich habe die Dinge aus der Tiefe meines Herzens gemacht, ob das Training im Sport oder später die berufliche Arbeit. Heute führe ich gleichzeitig eine Skischule, eine Skihütte, eine Tankstelle, mache Vorträge und eine Fernsehshow. Erfolg heißt für mich: Bin ich zufrieden? Wie schaut es mit meiner inneren Harmonie aus? Kann ich das Leben wahrnehmen in all seinen Facetten, höre ich die Vögel zwitschern?

Hatten Sie eine Erfolgsstrategie? Man muss ein klares Ziel haben. Ich wollte mit dem Event auf dem Kulm die Formel 1 übertreffen. Und es ist mir gelungen – für mich der Beweis, dass es keine Grenzen gibt. Ich hatte immer das Gefühl, dass das etwas Großes werden könnte. Und damit hatte ich den Spirit, die Menschen zu motivieren.

Was empfehlen Sie anderen für erfolgreiches Netzwerken? Interessen haben und andere finden, die diese Interessen mit dir teilen. Du darfst dich nicht verstellen, musst dir selbst treu bleiben. Ich habe zehn Leute in meinem näheren Umfeld, meine Frau, meine zwei Kinder und eine Handvoll Freunde, die ich auch anrufe, wen ich nichts brauche.

Was sind Ihre persönlichen Stärken in Bezug auf Netzwerken? *Zuerst habe ich eine Idee, dann überlege ich, wo meine Interessen liegen. Ich will zum Beispiel 2012 den Geburtstag vom Muhammad Ali in New York ausrichten. Ich beginne beim Umfeld, frage mich herum. Ich rufe meine Netzwerkkontakte an, treffe mich mit ihnen, sage: „Servus, lange nicht gesehen“, erzähle von meiner Idee. Das funktioniert nur, wenn ich von meiner Idee beseelt bin, wenn der andere spürt, dass er mich treffen soll. So habe ich das beim Anwalt von Muhammad Ali gemacht, natürlich habe ich ihn genervt, aber es ist mir gelungen. Damals habe ich die World Sports Awards für die Sporthilfe organisiert, eine Riesenveranstaltung. Ich verlasse mich auf mein Gefühl, dass es klappt, und setze mir vorher keine Grenzen. Mit jedem Teilerfolg wird die Idee neu beseelt. Wenn einer nicht will, dann eben nicht. Es gibt immer noch andere, die helfen können. Und es ist mir mit Kontinuität gelungen, die Finanzierung mit hohem persönlichem Risiko auf die Beine zu stellen, und die Veranstaltung war ein riesiger Erfolg.*

In welchen Netzwerken bewegen Sie sich? *Ich bin nirgends dabei. Golf spiele ich immer wieder. Ich habe die Gabe, dass ich sehr leicht mit Leuten in Kontakt komme. Und ich habe den Bonus aus dem Sport, ich bin sozusagen mit Leistung behaftet, da ist es leichter, dass sich die Türen öffnen. Netzwerke funktionieren dann, wenn ich etwas vorbereite, wenn ich eine Idee habe. Wenn ich nachdenke, wen ich anrufen kann.*

Was würden Sie im Nachhinein betrachtet anders machen? *Ich schwimme jetzt mit dem eigenen Strom, nicht mehr dagegen. Andere werden müde und gehen unter. Ich würde die negativen Dinge in meinem Denken früher hinterfragen und mehr auf meine innere Stimme hören, ob diese Dinge wirklich zu meinem Leben dazugehören.*

Abschlussbotschaft? *Anfang Dezember eröffne ich meine neue Skihütte auf der Tauplitz – kommt alle hin!*

Elmar Oberhauser, *Informationsdirektor des ORF*

„Was du auf keiner Universität der Welt lernen kannst, ist Erfahrung."

Elmar Oberhauser war zunächst Volks- und Hauptschullehrer, bevor er 1971 in die Sportredaktion des ORF-Landesstudios Vorarlberg wechselte. Von dort kam er zum Aktuellen Dienst, zuerst beim Hörfunk, dann beim Fernsehen. Von 1987 bis 1991 war Oberhauser Chef der Bundesländer-Redaktion. Einem breiten Publikum wurde er als Moderator der *Zeit im Bild 2* (1989 bis 1994) bekannt. Später moderierte er die Politik-Talkshow *Zur Sache* und viele TV-Konfrontationen vor Wahlen zum Nationalrat und zur Bundespräsidentschaft. 2006 wurde er vom ORF-Stiftungsrat zum Informationsdirektor für das Fernsehen gewählt.

Was heißt für Sie Netzwerken? Gute Beziehungen und eine ordentliche Basis zu haben – zu den wichtigen und richtigen Leuten, die an den Schalthebeln sitzen. Es heißt nicht „Verhaberei", es heißt nicht Korruption, und es heißt nicht, krumme Dinge zu machen.

Wie funktionieren Netzwerke in Österreich? „Verhaberung" innerhalb der Parteien ist in Österreich sehr stark vorhanden. Immer soll einer von ihnen, einer, der ein Parteibuch hat, den Job bekommen. Es wird nicht gefragt, ob er das überhaupt kann. Wichtig sind die Mitgliedschaften, und das gilt für alle Parteien, was dazu führt, dass immer wieder Menschen Positionen besetzen, die dort nichts verloren haben. Mir ist es mit meinen KollegInnen gelungen, die Information wirklich sauber und unabhängig zu machen.

Was war ausschlaggebend für Ihren Erfolg? Das kann man selber nur schwer beurteilen, aber es ist unbestritten, dass da zumindest ein hoher Anteil an Ehrgeiz dahintersteckt. Ich bin aus Ärger über eine parteipolitische Personalentscheidung ohne Netz und doppelten Boden von Vorarlberg nach Wien gegangen. Rückblickend gesehen war das sehr mutig – vielleicht auch Übermut. Aus heutiger Sicht ist die Rechnung aufgegangen.

Hatten Sie eine Erfolgsstrategie? Eine Strategie im Sinne eines Planes hatte ich nicht, im Gegenteil: Alles, was ich getan habe, war zufällig. Ich war bereit,

Dinge zu tun, die ich mir nicht zugetraut habe. Zum Beispiel habe ich mir nie zugetraut, dass ich eine Fernsehsendung moderieren kann. Der damalige Informationsintendant Kunz hat mich – ohne mich zu fragen – zum Nachfolger von Robert Hochner als ZIB 2-Moderator ernannt. Ich habe das kategorisch abgelehnt, wollte die Entscheidung erst nach einer Woche Training treffen, doch der Trainer hat mir schon nach drei Tagen beim Mittagessen gesagt, ich müsse das machen. Ich wundere mich auch immer wieder, dass ich mich getraut habe, Interviews in der Form, wie ich es getan habe, zu führen. Und – Sie werden lachen – ich bin an und für sich schüchtern. Ich habe nur gelernt, dass wir uns ruhig mehr zutrauen können, als wir eigentlich glauben.

Was empfehlen Sie für erfolgreiches Netzwerken? Da gibt es keine generellen Empfehlungen. Man kann nur dann erfolgreich sein, wenn man etwas einbringen kann. Wenn du als Sportchef oder Chef der ZIB 2 irgendwo hinkommst, bringt man dir eine gewisse Achtung entgegen. Als Nobody ist es wahnsinnig mühsam. Es geht nur, wenn du etwas einbringen kannst und wenn es deine eigene Persönlichkeit ist. Wenn man einen großen Bekanntenkreis hat, ist automatisch alles sehr vernetzt. Ich habe das nie missbraucht und habe mich auch nie missbrauchen oder korrumpieren lassen. Die Grenzen muss jeder selbst bestimmen. Allein mein Job als Informationsdirektor – da gibt es viele Wünsche aus der Politik, da ist es schwer, zu widerstehen. Für mich ist es leicht, da ich nichts mehr brauche, kurz vor der Pensionierung stehe und finanziell abgesichert bin. Anders würde es da einem gehen, der erst 40 Jahre alt ist. Man braucht viel Charakter, Rückgrat und Härte, um hier zu bestehen.

Was ist Ihre persönliche Stärke in Bezug auf Netzwerken? Ich bin kommunikativ, habe aber auch eine andere Seite. Mir wird immer wieder vorgeworfen, arrogant zu sein. Ich weiß, dass es schwierig ist, an mich heranzukommen, doch wenn es gelingt, dann ist es ehrlich und aufrecht.

Netzwerken ist mühsam, wenn man damit anfangen muss. Mir ist so unglaublich viel in den Schoß gefallen, dass ich dankbar sein muss. Der große Skistar Hermann Maier hat einmal zu mir gesagt: „Du bist ein Wahnsinn, wieso hast du dich getraut, nach Wien zu gehen. In diese Schlangengrube.“

In welchen Netzwerken bewegen Sie sich? Ich spiele gerne Karten, ich liebe Freundschaftsrunden und pflege Männerfreundschaften ohne Zwang und Verpflichtung, die ich beende, wenn ich das Gefühl habe, benutzt zu werden. Ich bin weder Rotarier noch Freimauer, ich bin Mitglied der katholischen Kirche und zahle meinen Kirchenbeitrag.

Gab es einen Mentor in Wien? Ich hatte das Glück, den Ruf zu haben, ein kritischer Journalist zu sein, und fand deshalb offene Türen in Wien, hatte enorme Unterstützung von Dr. Rudolf Nagiller, und ich konnte mir die Gunst Gerd Bachers erwerben. Das war zu Beginn etwas schwierig, da ich ein Widerspruchsgeist bin, aber genau das war es, was er geschätzt hat, dass ich ihm nie nach dem Mund geredet habe. Man muss zu sich stehen, auch wenn es einmal negativ ist. Sich selbst treu zu sein lohnt sich auf die lange Sicht.

Wie erhält jemand bei Ihnen einen Termin? Den erhält jeder. Ich habe ein offenes Büro und einen öffentlichen Job. Ich bekenne mich dazu, dass ich nicht nach acht Stunden nach Hause gehe und kein Wochenende und keinen Abend frei habe. Wir haben jetzt gerade 19.30 Uhr, und ich arbeite im Dienst der Sache, und es ist ein wahnsinnig toller Job. Dem ich versuche, gerecht zu werden. Dazu gehört auch, dass man den Leuten zur Verfügung steht, nicht nur dem Generaldirektor oder Kardinal, sondern auch – oder gerade – den Mitarbeitern. Das Gespür habe ich mir bewahrt.

Wie muss sich jemand verhalten, um im ORF erfolgreich zu sein? Man muss eine Persönlichkeit sein, eine gute Ausbildung haben und bereit sein, über das normale Maß hinaus zu arbeiten bezüglich des zeitlichen Engagements.

Was würden Sie heute anders machen? Ich habe viele Fehler gemacht. Ich wäre gerne 40 Jahre jünger, aber mit dem Wissen, das ich heute habe – das wäre spannend. Mein Leitsatz ist: Es gibt etwas, was man auf keiner Universität der Welt lernen kann, und das ist Erfahrung.

Horst Pirker, *Vorstandsvorsitzender der Styria Media Group AG*

„Ich bin ein unbegabter Netzwerker."

Horst Pirker studierte Rechtswissenschaften und Betriebswirtschaftslehre an der Karl-Franzens-Universität Graz. 1984 begann er als Assistent des Direktors der *Kleinen Zeitung* in Kärnten, dessen Nachfolge er 1986 antrat. 1991 wechselte er als Verlagsdirektor des Zeitungsverlages Styria nach Graz, 1995 übernahm er zusätzlich die Geschäftsführung des Medienhauses Carinthia. Seit 1997 ist er Vorstand der Styria Media Group AG, seit 1999 Vorsitzender des Vorstandes. Horst Pirker ist designierter Präsident von WAN-IFRA, den vereinigten Weltverbänden der Zeitungen. Er gehört darüber hinaus einer Reihe von weiteren Aufsichts- und Leitungsgremien in- und ausländischer Unternehmungen und Organisationen an.

Was heißt für Sie Netzwerken? *Dazu habe ich kein eindeutiges Verhältnis. Ich bewundere die Menschen, die das gut können. Ich würde es auch gerne können. Entweder bin ich dafür unbegabt, oder es steht in meiner Prioritätenliste nicht ganz oben. Ich nähere mich immer wieder kurz einmal an, bin dann aber nicht konsequent. Ich bin immer wieder versucht, mich in Netzwerke einzubringen und die Kraft von Netzwerken zu nützen, aber ich ertappe mich immer wieder dabei, es schleifen zu lassen.*

Mir fehlen wohl die Begabung und auch einige „Werkzeuge", die es erleichtern. Zum Beispiel Singen oder Musik machen. Trinkfestigkeit ist vielleicht ein weiteres „Werkzeug", oder mit extrem wenig Schlaf auskommen. Über diese „Werkzeuge" verfüge ich nicht rasend. Wenn dann bewege ich mich wie zufällig in Netzwerken, aber ich halte mich dort nicht auf.

Bei der Katholischen Hochschulgemeinde, in der ich während meines Studiums gelebt habe, gibt es keine weiterführenden Strukturen, nicht wie beim Mittelschüler-Kartell-Verband, der dann übergeht in den Cartellverband. Die Hochschulgemeinde ist eigentlich eine Wohnge-

meinschaft, und ihr fehlen die klassischen Elemente des Netzwerkens, weil sie keinen Rahmen und keine Strukturen hat. Natürlich gibt es Lebensfreundschaften, die eben insbesondere in der Studienzeit entstehen.

Wie funktionieren Netzwerke in Österreich und gibt es Unterschiede zu internationalen? *Ich kann den Begriff des Netzwerkens überhöhen und sagen, dass alles Netzwerken ist, auch die Familie, da beginnt man, den Begriff überzustrapazieren. Ich bin jetzt seit zehn Jahren im „Board" von WAN und IFRA, das sind die vereinigten Weltverbände der Zeitungen. Da bin ich derzeit Vizepräsident und im Herbst 2010 werde ich für zwei Jahre zum Präsidenten gewählt. Das ist eine bedeutende internationale Organisation mit 100 hauptamtlichen Mitarbeitern. Noch nie war ein Österreicher dort Präsident, obwohl es die Verbände schon seit vielen Jahrzehnten gibt. Dazu bedarf es eben des „Chairos", nämlich zum richtigen Zeitpunkt am richtigen Ort zu sein. Sicher spielt auch die fachliche und persönliche Reputation eine Rolle. Und die hängt letztlich wieder von Begabung und vom Fleiß ab. Ich wurde gefragt, weil ich mich wahrscheinlich gut eingebracht habe. Natürlich sind solche Systeme notwendig und hilfreich und stärken die eigene Position und insbesondere den Know how-Transfer.*

Mein Empfinden ist: je größer die Vereinigung, desto wohler fühle ich mich, weil Distanz und Klarheit wachsen. Je lokaler es wird, umso mehr schwingen Befindlichkeiten und persönliche Beziehungen mit. International wird es immer sauberer. Der sachliche, fachliche Aspekt steht im Vordergrund; je lokaler es wird, umso mehr vermischen sich die Motive. Mir ist mehr Distanz recht, vor allem bei strukturierten Beziehungen. Ein Netzwerk stelle ich mir als Atomium vor, mit einem Kern und mehreren Verbindungen untereinander. Andererseits gibt es das, was man im Gasthaus die „Wochenschau" nennt, wo alles hineinkommt, was am Ende übrig geblieben ist. Das ist dann ein Eintopf. Wenn die Nähe zu groß ist, dann ist es für mich kein Netzwerk mehr. Das eine ist ein „Gatsch", das andere ein Netzwerk.

Was war ausschlaggebend für Ihren Erfolg? *Ich glaube, ganz entscheidend war meine Zeit in der Hochschulgemeinde im Studentenheim in der Leechgasse in Graz. Da hatten wir eine außergewöhnliche Sozialisation, die sehr prägend war für den Weg. Später waren es immer Zufälle, Glück oder – wenn man es als religiöser Mensch betrachtet – Segen. Wichtig ist mir, dass man sich die Erfolge nicht immer selbst verdient. Man muss schon etwas beitragen, aber dann kommt etwas unverdient dazu, da kann sich jeder aussuchen, wie er das bezeichnen will. Zum Beispiel, dass ich meine Frau in Paris kennengelernt habe, obwohl wir beide aus Kärnten sind, völlig zufällig, und dass wir bis heute zusammen sind. Was das berufliche Umfeld betrifft: Dass wir heute in Kroatien tätig sind, war auch ein Zufall. Aus dem, was uns schicksalhaft angeboten wurde, haben wir dann etwas gemacht.*

Was war Ihre Erfolgsstrategie? *Drei Dinge: Begabung, dazu ein ziemlich großes Stück Fleiß und der Zufall, das Glück oder eben der Segen. Ich habe auch gelegentlich das „Glück", dass mir etwas nicht gelingt, wo ich mir im Nachhinein dann denke, dass ich froh bin, dass mir das nicht gelungen ist. Was sicher eine große Rolle spielt, ist die Bereitschaft, aus allem etwas Positives zu machen. Das hat etwas mit positiver Einstellung, mit der Herkunftsfamilie, mit den Genen zu tun und kann auch mit dem Glauben zusammenhängen. Bei mir ist vieles eher dialektisch angelegt. Ich betrachte es auch als ein Glück, nicht netzwerken zu müssen. Mein Grundmuster in meinem Leben ist ja auch der Wunsch nach Unabhängigkeit, da würde eine feste Struktur dieser Art für mich vielleicht gar nicht passen.*

Welche Netzwerke würden Sie empfehlen? *Es gibt eine Reihe von Netzwerken, die ich beobachte. Besonders grausliche Netzwerke sind die Parteien. Die Nachhaltigkeit der Beziehungen fehlt. Jemand, der vorher mein (Partei-)Freund war, den bringe ich dann um, wenn er mir gerade im Weg steht – das ist ein sehr opportunistisches Kalkül. Eine hässliche Variante. In die Kategorie der „Hässlichen" gehören auch Sekten oder die Mafia und andere kriminelle Vereinigungen.*

Dann gibt es auch die schönen Gesichter des Netzwerkens, insbesondere wenn es um soziale Netzwerke geht, die Vinzidorf-Idee zum Beispiel.

Zwischen diesen beiden Rändern liegt viel dazwischen. Wie Rotary oder die Lions. Ich bin ja auch seit 20 Jahren bei Rotary, ich gehe aber nur sehr selten hin und habe es kaum – weder aktiv noch passiv – als Netzwerk erlebt, wahrscheinlich auch weil ich so selten dort bin. Meine sinnstiftenden Aktivitäten außerhalb der Familie sind sehr individuell, und die mache ich nicht öffentlich.

Hatten Sie Mentoren? *Beruflich, ja. Da gab es einen Mentor und ein Vorbild: Julius Kainz, der Chef des Zeitungsverlages Styria, der war sicher ein Lehrer für mich. Er war mein erster Chef, und ich habe von ihm unheimlich viel gelernt, und das hilft mir heute noch.*

Wie muss jemand auf Sie zukommen? *Grundsätzlich kann jeder kommen. Aber natürlich kommen persönliche und institutionelle Zuschreibungen dazu. Mir geht es um Inhalte, nicht um Äußerlichkeiten. Ich kämpfe leidenschaftlich für meine eigene Position und habe doch trotzdem oder gerade deshalb eine hohe Wertschätzung für Gegenpositionen.*

Abschlussbotschaft? *Ich verachte niemanden, der Netzwerken für den Königsweg hält; für mich ist es nur nicht „nachvollziehbar" im engen Sinn des Wortes. Die „Schleimernetzwerke", bei denen Verbindung kein Band, sondern Schleim bedeutet, die verachte ich schon.*

Ali Rahimi, *Unternehmer*

„Du musst die Herzen der Menschen gewinnen."

Nach ihrem Studium der Betriebswirtschaftslehre übernahmen die beiden Brüder Abbas und Ali 1995 die Orientteppichgeschäfte ihres Vaters mit dem Stammhaus in Wien. Mittlerweile beschäftigt das Unternehmen Rahimi & Rahimi in Österreich und Persien über 100 Mitarbeiter. Der in Teheran geborene Ali, seit 2008 Kommerzialrat, hat sich jedoch nicht nur als Geschäftsmann und Teppichhändler einen Namen gemacht, sondern auch als Lobbyist.

Was heißt für Sie Netzwerken? Da können wir gleich in meiner Branche bleiben: Ein Teppich ist wie ein Netz. Je enger es geknüpft ist, desto besser fängt es dich auf. Und es ist ein Sprungnetz. Wenn die Fäden stabil sind, sind die Seilschaften fest und lassen dich nicht so leicht fallen.

Was war ausschlaggebend für Ihren Erfolg? Ich habe schon in der Schule begonnen, Menschen zu vernetzen. Die Susi war in Mathe gut, der Peter in Deutsch. Ich brachte beide zusammen und hatte so Nachhilfe in beiden Fächern.

Der Teppichhandel ist die Voraussetzung für mein Netzwerk. Dadurch haben wir auch am Wochenende privaten Zugang zu unseren Kunden. Über die Interessen kommen wir ins Gespräch und bauen eine sanfte Verbindung auf. Dann hängt es von dir ab, was du daraus machst. Es geht um das Wollen, dass man mit Menschen reden und zusammenkommen will, dass man sich in den Kopf des anderen hineinversetzt und überlegt: „Was ist ihm wichtig, was braucht er?" Und ich habe alle verblüfft, denn ich wollte nie eine Gegenleistung. An erster Stelle steht das Geben, das Aufbauen, denn mein Motto ist: „Sind deine Freunde stark, bist auch du stark." Deshalb gibt es bei mir kein Nein. Ich unterstütze jeden, und er zieht mich auf dem Weg nach oben mit.

Es geht darum zu erkennen, welche Leute Potenzial haben, die fördere ich, bringe sie mit anderen zusammen, stelle für Politiker den Kontakt zur Wirtschaft her.

Hatten Sie eine Erfolgsstrategie? *Sich nicht für so wichtig halten – das ist ein wesentlicher Faktor. Think global, act local. Man muss offen und tolerant sein und niemanden ausgrenzen, aber trotzdem eine persönliche Meinung haben.*

Was empfehlen Sie anderen für erfolgreiches Netzwerken? *Du kannst immer netzwerken, du musst es nur wollen, musst etwas tun, ohne eine Gegenleistung zu erwarten, musst abwarten und Geduld haben, Beziehungen aufbauen und andere Menschen unterstützen. Für mich mit meiner Herkunft ist es auch wichtig, Zeit für ältere Leute zu haben, ihnen Respekt entgegenzubringen.*

Meine deutschen Freunde sind der Meinung: „Es fehlt ein Ali in Deutschland." Die Deutschen sind sachlicher. Um erfolgreich zu sein, musst du die Herzen der Menschen erobern. Ich helfe Führungskräften, die neu in Wien sind, die niemanden in Österreich kennen, und führe sie in die Wirtschaft ein. Dafür sind sie mir dann dankbar und sprechen lobend über mich.

Was sind Ihre Stärken in Bezug auf Netzwerken? *Ich gehe es unkompliziert und erfrischend an. Oft sitzen wir in einer Runde zusammen, und einer fragt: „Du kennst doch den XY ...", und ich sage: „Rufen wir gleich an." Ich erledige die Dinge gern schnell, mache alles sofort.*

Ich veranstalte für andere Abende, zehn bis zwölf Personen, bei mir im dritten Stock, mit und ohne Medien, Charities mit Politikern und Wirtschaftstreibenden. Auch für Spitzenpolitiker organisiere ich solche Abende. Und dann bekomme ich die Rückmeldung: „Eine Sache, für die ich sonst sechs Monate brauche, die schaffe ich bei deinen Wirtschaftsabenden in 20 Minuten." Da kommen dann auch die ganzen Vorstände, die selten ausgehen, die sind nämlich eher medienscheu, aber zu mir kommen sie gern. Ich habe auch zu Journalisten einen guten Draht. Ich unterscheide aber stark zwischen Privat und Business und mache keine Homestorys.

In welchen Netzwerken bewegen Sie sich? *Ich bin Delegationsrat in der Handelskammer Schweiz-Österreich-Liechtenstein und habe so Kontakte zu Nestlé und anderen großen Schweizer Firmen. Mit Raiffeisen habe ich den Verein*

„Wirtschaft für Integration" gegründet, bei dem alle großen Unternehmen mit einem Vertreter dabei sind. Wir treffen uns einmal pro Woche, und alle drei Monate gibt es ein großes Treffen mit allen. Ich bringe Sponsoren für den Life Ball. Sogar Präsident Clinton hat sich dafür bei mir bedankt, und es liegt ein Teppich von Rahimi bei den Clintons. Als Präsident des Vereins „Best Bodies" habe ich Anthony Kennedy, den Neffen von John F. Kennedy, kennengelernt. Ich habe das Goldene Ehrenzeichen der Republik erhalten, weil ich die Teppiche von Sigmund Freud nach Wien geholt und in meinem Geschäft ausgestellt habe, bin im Vorstand der Initiative „Sag Nein zu Arm und Krank" und bei vielen anderen Organisationen dabei.

Es macht mir Spaß, ich mache das gern. Aber: Man muss das wollen. Lobbying ist nicht immer negativ, man kann mit seinem Netzwerk auch viel Gutes tun. Wir machen auch viel für „Licht ins Dunkel".

Hatten Sie Mentoren? *Ein Freund meines Vater, Josef Holaubek, der damalige Polizeipräsident, war mein Mentor. Er hat mir Bescheidenheit, Anständigkeit und das Kämpferische beigebracht. Er ist einmal pro Woche mit mir Mittagessen gegangen und hat mich in Kreise der Wirtschaft, Politik und Polizei eingeführt. Und ich habe gelernt, mich mit der zweiten und dritten Ebene gut zu stellen, mit den Chauffeuren und Sekretärinnen, die sind ganz wichtig. Es reicht nicht aus, in einem Konzern nur die ganz oben zu kennen.*

Abschlussbotschaft? *Ich kann es nur wiederholen: Man muss die Herzen der Menschen erobern.*

Wolfgang Rosam, *Kommunikationsstratege*

„Was kann ich für den anderen tun?"

Wolfgang Rosam ist seit fast 30 Jahren im Bereich Kommunikation tätig. Allein 25 Jahre leitete er als Haupteigentümer Österreichs größte PR-Einzelagentur, Pleon Publico. In dieser Zeit entstand auch der legendäre Zigarrenclub. Heute leitet er seine eigene Agentur, die Change Communications, und ist Eigentümer des *Falstaff*-Magazins.

Was heißt für Sie Netzwerken? Netzwerken heißt, dass man Menschen gezielt für bestimmte Interessen oder Themen einsetzen kann – nach dem gegenseitigen Nutzenprinzip. Wenn es keine Einbahn ist, dann funktioniert es. Netzwerken heißt nicht „verhabert" sein. Jeder muss sich von mir einen Nutzen erwarten können.

Was war ausschlaggebend für Ihren Erfolg? Ich habe nie bestochen und trotzdem immer schon mit dem gegenseitigen Nutzenprinzip gearbeitet. Ich denke immer darüber nach, was ich für den anderen tun kann. Ich liebe es, ein großes Habenkonto aufzubauen, das ist ein altes Mafiaprinzip. Denken Sie daran, wie Don Corleone zu einem Mann, dem er gerade einen Job besorgt hat, auf dessen Frage „Was kann ich für dich tun, Pate?" mit seiner bekannten, tiefen Stimme sagt: „Nichts im Moment, aber zu gegebener Zeit werde ich mich melden."

Hatten Sie eine Erfolgsstrategie? Ich hänge mich nicht wegen jeder Kleinigkeit ans Telefon, sondern melde mich nur dann, wenn es wirklich wichtig ist. Zum Beispiel bei Top-Politikern, da ist Sensibilität sehr wichtig. Ich muss ein Sensorium in puncto Kommunikation entwickeln und muss zuhören können.

Was empfehlen Sie anderen für erfolgreiches Netzwerken? Die Öffnung des eigenen Hauses. Eine Einladung nach Hause erzielt den zehnfachen Effekt, denn es ist die Öffnung der persönlichen Intimsphäre. Ich zum Beispiel organisiere Weinverkostungen für zehn bis zwölf Manager.

Bei Essenseinladungen zu Hause ist auf einiges zu achten, vor allem dann, wenn Paare eingeladen werden. Die Beeinflusser des Netzwerkes sind die Partner, ihre Urteile zählen. Deshalb sollte auf die Größe und Zusammensetzung der Runde geachtet werden. Die Gäste sollten auch nicht gemischt werden, das heißt niemals Business mit Privat verbinden. Besonders auf die Sitzordnung ist großes Augenmerk zu legen. Wer kennt wen, können sie miteinander, wer passt zu wem?

Kontakte müssen gepflegt werden, mit Geburtstagslisten und persönlichen Anrufen oder kurzen Schreiben abgearbeitet werden: ein paar persönliche Sätze, wenigstens einmal im Jahr. Ich habe das Negativ-Beispiel eines alten Agenturkollegen vor Augen, der sich immer nur meldete, wenn er etwas gebraucht hat. Heute beantworte ich seine Mails einfach nicht mehr. Man darf seine Kontakte nicht überstrapazieren, muss gut überlegen, wen man um einen Gefallen bittet.
Man muss sein Netzwerk in der verfügbaren Zeit pflegen. Dazu benötigt man eine Einteilung, wer aktuell wichtig ist. Das ist immer abhängig vom Job und von den Zielen.

Man muss auch auf seinen eigenen Bekanntheitsgrad achten. Images verändern sich. Die eigene Performance muss gepflegt werden. Wenn man zu oft in den Seitenblicken vorkommt, wird es negativ. Viel besser ist es, Wirtschaftsgeschichten zu machen, gute Kommentare abzugeben, das wird von den Menschen im Netzwerk genau registriert. Das Netzwerk muss uns als aktuell und interessant empfinden. Die besten Beispiele sind jene Manager, die aus dem Unternehmen aussteigen und in Pension gehen. Sie haben zwar mehr Geld denn je, können aber nichts mehr entscheiden. Sie müssen sich daher als Netzwerker doppelt und dreifach anstrengen.

Was ist Ihre persönliche Stärke in Bezug auf Netzwerken? *Aktuelles Empfehlen des Netzwerkes, Nutzen schaffen und die Erwartungen hoch halten. Je spannender man für sein Netzwerk ist, umso besser. Ali Rahimi zum Beispiel werden viele Teppiche nur deswegen abgekauft, weil man in sein Netzwerk möchte.*

In welchen Netzwerken bewegen Sie sich? *Ich halte persönliche, maßgeschneiderte Netzwerke für sehr sinnvoll. Dazu gehören meine Schul- und Unikon-*

takte, z. B. die Harvard Business School, die immer wieder als Jobvermittlungsbörse agiert; auch die Schotten bzw. Theresianer (Schulen in Wien) agieren als übergeordnete Community. Branchennetzwerke, die sich beruflich ergeben, sind immer wertvoll, wie etwa die Rotarier; Weinliebhaber sind eine eigene, aber spannende Community.

Der Zigarrenclub war das erste professionelle Netzwerk dieser Art, das Wirtschaft, Politik und Medien zusammenbrachte.

Abschlussbotschaft? *Zuhören. Dale Carnegie hat schon gesagt: „90 Prozent zuhören und 10 Prozent Fragen stellen." Ich schaue, dass ich bei jedem Gespräch eine gute Atmosphäre herstellen kann, spreche die Bilder an, die ich sehe, und bin auf einen Termin gut vorbereitet. Wenn es gelingt, ein gemeinsames persönliches Steckenpferd anzusprechen, dann ist die Situation sofort positiv aufgeladen. Es ist wichtig, die einfachen Regeln des Umgangs und des Dialogs innerhalb der Kommunikation zu beachten.*

Veit Sorger, *Präsident der Industriellenvereinigung*

„Verlässlichkeit und Handschlagqualität, gepaart mit Unabhängigkeit."

Der studierte Jurist war von 1967 bis 1970 in der Versicherungsbranche (Interunfall AG) als Assistent des Generaldirektors tätig. 1970 erfolgte sein Eintritt in die Papierindustrie bei der Salzer-Gruppe. Von 1982 bis 1987 war er Alleinvorstand der Salzer Papier- und Kunststoffgruppe. Ab 1987 hatte er die Geschäftsführung der Europapier AG inne und war ab 1988 Vorstandsmitglied der Frantschach AG. 1989 wurde er stellvertretender Vorstandsvorsitzender der Frantschach AG. 1993 bis 2004 war Sorger Vorstandsvorsitzender der Frantschach AG sowie Aufsichtsratsvorsitzender der Neusiedler AG (nunmehr beides Mondi AG, die größte Papierindustriegruppe Österreichs) und hat heute einige Aufsichtsratsfunktionen inne.

Was heißt für Sie Netzwerken? Gespräche ermöglichen und Interessen abwägen und dabei behilflich sein, Ziele zu erreichen. Das alles vor dem Hintergrund von Integrität und einem hohen Maß an Anstand und Offenheit. Auf die Aufgaben eines anderen einzugehen, ihn beim Erfolg zu unterstützen, ist für mich die gute Seite des Netzwerkens. Die schlechte Seite ist, wenn man das Netzwerk nur bemüht, um persönliche Vorteile herauszubekommen. Das ist mir zu wenig.

Wie funktionieren Netzwerke in Österreich? Die Gesprächskultur, die wir in Österreich zwischen Unternehmer und Betriebsrat haben, unsere Sozialpartnerschaft, ist bei uns besser ausgeprägt als zum Beispiel in Deutschland. Auch wenn wir oft diametrale Meinungen haben, akzeptieren wir uns gegenseitig und reden miteinander.

Was war ausschlaggebend für Ihren Erfolg? Für meinen Erfolg in meiner Industriekarriere war ausschlaggebend, dass ich das Handwerk des Unternehmertums gelernt habe. Bei dem ich nicht nur Erfolge, sondern auch Rückschläge erleben musste, was dazu führte, dass ich am Anfang meiner Karriere auch Papierfabriken schließen musste. Das war ein großer Lernprozess. Es hat nicht allen gefallen. Doch mit einem klugen und klaren Konzept gewinnt man letztendlich die Zustimmung aller. Daraus hat sich meine Vision entwickelt, dass die Expansion nach Osteuropa eine Erfolgsgeschichte für zwei Unternehmergenerationen ist, die voll aufgegangen ist. Die Vision der Zukunftschancen und auch die Begeisterung innerhalb der Organisation zu erreichen – das war eine Erfolgsgeschichte.

Hatten Sie eine Erfolgsstrategie? Ich komme aus einer fantastischen Familie, was ich auch meiner Familie weitergeben wollte. Das ist mir auch gelungen. Ich habe nie über meine Verhältnisse gelebt. Mit meinen Freunden bin ich verbunden. Das ist das Rückgrat für die Unabhängigkeit. Die Position des IV-Präsidenten ist nicht bezahlt, und ich gehöre keiner Partei an, was mir immer Unabhängigkeit und Glaubwürdigkeit gegeben hat. Ich wollte mich nie verpflichtet fühlen, was nicht heißt, keine Werte zu besitzen. Meine absolute Unabhängigkeit, das ist eine Möglichkeit, die mir vom Leben geboten wurde. Dazu muss man natürlich erst kommen und hart arbeiten. Ich bin meinen Weg gegangen und habe mich nicht verzettelt.

Welche Netzwerke empfehlen Sie? Das hängt von der Neigung ab. Netzwerke können sich aus dem Sport, aus Vereinen, aus Sozialprojekten heraus automatisch ergeben. Das suchen sich die jungen Leute mit Instinkt selber aus. Wer ein breiteres Netzwerk braucht, wird anders vorgehen wie einer, der sich nur auf den Job bezieht. Verordnen kann man hier gar nichts. Jeder muss sich eine Position suchen. Karriere machen, nur weil ich den Herrn Sowieso kenne, das funktioniert nicht. Die Jugend hat viele Möglichkeiten: Jugendklubs, die Universität, Sprachaufenthalte, Alumniklubs, Traineeprogramme wie jenes der Industriellenvereinigung. Zum Beispiel hat der jetzige Außenminister Spindelegger unser Traineeprogramm absolviert. Es gibt die Junge Industrie, die Junge Wirtschaft, Rotaract, Jagdklubs. Ich muss nur offen sein für Kontakte.

Was sind Ihre persönliche Stärken in Bezug auf Netzwerken? Ich habe einen sehr guten Zugang zu Entscheidungsträgern – aufgrund meiner Positionen in Aufsichtsräten, in der Öffentlichkeit und der Industriellenvereinigung. Das habe ich mir im Laufe der Zeit aufgebaut. Da gibt es viele Gelegenheiten: die Jagd, die Kultur – man führt Gespräche, baut einen Freundeskreis auf. Im Sport gibt es unzählige Möglichkeiten: Wir sind alle Skifahrer, Tennisspieler.

Wenn jemand kommt und fragt, ob ich ihm behilflich sein kann, um irgendein Thema zu forcieren, um Geld aufzutreiben, dann helfe ich gern. Es kommt alles zurück im Leben – was du gut machst und was du weniger gut machst. Mein Credo ist ein hohes Maß an Unabhängigkeit, damit übernehme ich keine Klientenverantwortung.

Was empfehlen Sie anderen für erfolgreiches Netzwerken? Für mich ist die Frage der Verlässlichkeit und der Handschlagqualität etwas ganz Essenzielles. Neugierde und Interesse sind wichtig, aber auch die Bereitschaft, auf Themen einzugehen. Ein gewisses Maß an Offenheit, um bei einer Lösung mitzugestalten, gehört auch dazu.

In welchen Netzwerken bewegen Sie sich? Meine Haupttätigkeit liegt natürlich innerhalb der Industrie. Die Jagd interessiert mich, Golf, Tennis, natürlich bin ich bei einem Rotary Club, mein Freundeskreis ist mir wichtig. Doch all das wurde von mir nie dazu verwendet, um Business zu machen. Das wird weitgehend überschätzt. Was sich ergibt, ist, dass man Leute kennenlernt, eine Gesprächsbasis findet, Meinungen austauscht, aber das darf man niemals missbrauchen.

Was hat Ihnen das Netzwerken gebracht? Ohne Persönlichkeit nutzt mir das ganze Netzwerk nichts. Das Netzwerk gibt mir einen breiten Zugang zur Politik. Primär habe ich mich immer auf mein Unternehmen konzentriert.

Abschlussbotschaft? Man soll das Netzwerken nicht so in den Mittelpunkt stellen. Man soll sich innerhalb einer Gesellschaft offen bewegen, versuchen zu gestalten, seine Positionen einbringen und die richtigen Verbündeten suchen. Die findet man für alle Themen. Die findet man, wenn man glaubwürdig ist und seine Sache gut vertritt, an seinen Werten festhält und nicht den Eindruck vermittelt, es gehe nur um den persönlichen Vorteil.

Karl Stoss, *Generaldirektor der Casinos Austria AG und Chef des Österreichischen Olympischen Comités*

„Über den Tellerrand hinausschauen."

Karl Stoss stammt aus Vorarlberg und war in seiner Jugend erfolgreicher Schwimmer und Wasserballer, heute zählt er das Extrembergsteigen zu seinen Hobbys. Der promovierte Betriebswirt war Partner und Bereichsleiter am MZSG Management Zentrum St. Gallen (heute Malik Management Zentrum St. Gallen AG) sowie Lehrbeauftragter an der Universität Innsbruck. 1997 wurde er stellvertretender Vorstandsvorsitzender und Generaldirektor-Stellvertreter der Österreichischen Postsparkasse AG, ehe er 2001 in den Vorstand der Raiffeisen Zentralbank AG wechselte. Nach einem Intermezzo als Generaldirektor der Generali Versicherung AG ist er seit 25. Mai 2007 als Nachfolger von Leo Wallner Generaldirektor der Casinos Austria AG. Am 22. Oktober 2009 wurde Stoss zum Präsidenten des Österreichischen Olympischen Comités gewählt.

Was verstehen Sie unter Netzwerken? Sich ein Netz an Kontakten knüpfen und immer weiter daran arbeiten, nicht stehen bleiben. Dazu braucht es am Anfang einen Kick, bei mir war es Prof. Malik. Mit ihm musste ich weit über den Tellerrand hinausblicken. In Wien war es dann Dr. Josef Taus. Den habe ich über meinen Onkel, der Nationalrat war, gekannt. Ich bin zu ihm gegangen und habe ihn gefragt, was ich tun soll, um hier möglichst rasch einen guten Job zu machen. Er hat mir einen ganz einfachen Rat gegeben: „Dich kennt hier niemand. Als Postsparkassenvorstand musst du zu allen hingehen, mach dir Termine mit allen Generaldirektoren, mit allen Vertretern der Interessenvertretungen." Das habe ich beherzigt, ich bin zu allen hingegangen. Und habe damit unterschiedlichste Erfahrungen gemacht: Für den einen war es etwas „strange", aber es haben sich auch viele Sympathien und Einladungen dadurch ergeben, und so hat sich das bei mir entwickelt.

Wie funktionieren Netzwerke in Österreich? Österreich ist ein Dorf, und Österreich ist im Gegensatz zur Schweiz viel politischer, und beide Länder sind sehr männlich dominiert.

Was war ausschlaggebend für Ihren Erfolg? Wie misst man Erfolg? Misst man ihn am beruflichen Erfolg oder an der Summe der Kontakte? Ich bin vom Typus her ein extrovertierter Mensch. Ich war zehn Jahre lang in der Unternehmensberatung tätig, wo ich intensiv mit Menschen in Kontakt gekommen bin. Dann die vielen Privatissimen mit Prof. Malik und Peter Drucker. Zuerst habe ich von ihnen gelernt, zuzuhören, dann daraus Schlüsse zu ziehen, und das mit kurzen, einfachen Worten. Bei meinen vielen Vorträgen versetze ich mich in die Rolle des kleinsten, schwächsten Glieds und frage mich, ob die verstehen, was ich da rede. Dann hatte ich das große Glück, Wochenendpendler zu sein, war unter der Woche allein in Wien und bin jeden Abend ausgegangen. Und so habe ich begonnen, mir einen Kreis aufzubauen, der immer größer geworden ist, und so hat sich mit der Zeit ein Netzwerk aufgebaut. So wie wenn man einen Kieselstein ins Wasser wirft und sich um den Einschlagspunkt immer größere Kreise ziehen, habe ich mein Netzwerk immer mehr erweitert. Wenn man in einer Führungsposition ist, muss man offen auf Menschen zugehen, egal welchen Titel, egal welchen Rang sie haben. Man darf nie vergessen, woher man kommt – es gibt so viele abgehobene Typen auf der Welt. Wichtig ist es zu wissen, wo man herkommt. Bei mir sind das meine Bergfreunde und meine Frau, die mich erden.

Hatten Sie eine Erfolgsstrategie? Nein, so etwas kann man nicht planen. Als Jugendlicher kann man nicht wissen, wie es einmal sein wird. Ich hatte den Vorteil, im Herbst geboren zu sein, also war ich immer etwas älter, bin auch nie sitzengeblieben. Als viertes Kind in der Familie stand ich nicht im Fokus der Aufmerksamkeit und habe mich sehr selbstständig entwickelt. Ich sage immer: Menschen über 30 kann man nicht mehr missionieren, man kann ihnen Tools, Werkzeuge, an die Hand geben, aber die Überzeugung muss von einem selbst kommen.

Mit dem Studium habe ich erst mit 22 Jahren begonnen und innerhalb von vier Jahren fertig studiert, ich habe daneben auch eine Riesenhetz gehabt. Dann kam der Zufall ins Spiel – ich wurde „entdeckt“. Es war ein Glücksfall: Bei meiner Diplomprüfung habe ich dem Professor gefallen, und er hat mich gefragt, ob ich sein Assistent werden will. Ich hatte auch Mut zur Veränderung, was meine Frau nie verstanden hat: „Wieso wechselst du den Job, den sicheren Versicherungsjob?“

Dann bin ich – trotz bestem Verdienst – von Malik weggegangen, ohne zu wissen wohin, obwohl gerade unser Jüngstes unterwegs war. Und ich hatte immer Mentoren, Menschen, die auf mich aufmerksam wurden und mich gefördert haben. Zum Beispiel Kurt Nösslinger. Auch Christian Konrad – der hat immer wieder Seminare in St. Gallen besucht – kenne ich gut. Er hat mich zweimal gefragt, ob ich zu ihm kommen will, aber ich habe damals abgelehnt. Das war schon fast Majestätsbeleidigung.

Welche Netzwerke halten Sie für sinnvoll? Welche Netzwerke empfehlen Sie? *Erstens das familiäre Netzwerk. Das ist die kleinste Zelle. Ein Netzwerk kann auch die jeweilige Sparte in der Wirtschaftskammer oder Industriellenvereinigung sein. Das kann auch Rotary sein, da bin ich derzeit Präsident. Aber es kann auch die Bergrettung sein. Die kamen eines Tages auf mich zu und fragten, ob wir ihnen die Prämie für die Versicherung stunden könnten. Ich habe ihnen vorgeschlagen: „Ihr bringt die Bergfreunde, ich die Journalisten, und ihr präsentiert euer Anliegen am Berg." Das hat funktioniert, wir machen das jetzt jedes Jahr, ich nehme auch Freunde aus der Wirtschaft mit, die auch sponsern können. Ich müsste das nicht machen, es kostet mich auch einen Teil meiner Freizeit, aber ich mache es aus Überzeugung.*

Österreich ist ja ein Dorf, man trifft sich immer wieder auf denselben Trampelpfaden. Deshalb ist es auch wichtig, manchmal auszubrechen.

Was sind Ihre persönlichen Stärken in Bezug auf Netzwerken? *Ich bin treu und verlässlich. Jetzt komme ich gerade von Rotary. Als Präsident werde ich zu vielen Vorträgen eingeladen, die ich vor langer Zeit zugesagt habe, deshalb mache ich sie auch. Nachhaltigkeit ist wichtig, der Beziehungsaufbau, die Wurzeln sollen sich gut entwickeln können. Nur für den eigenen persönlichen Nutzen irgendwo hinzugehen, ist grundlegend falsch. Die anderen spüren, ob du mit Herzblut dabei bist. Und auch wenn du dich lange nicht blicken lassen hast und auf einmal wieder hinkommst, ist es so, als ob du dich erst gestern verabschiedet hättest.*

Ich wähle mir die Veranstaltungen aus, zu denen ich hingehe: Entweder macht es mir Freude und Spaß, oder es ist für das Unternehmen wichtig.

Wie findet Beziehungspflege statt? Eines ist ganz wichtig, nämlich zwei-, dreimal im Jahr alte Beziehungen einzuladen. Also Menschen, die einem früher geholfen haben, diese Dankbarkeit sollte man nie vergessen.

Was empfehlen Sie anderen für erfolgreiches Netzwerken? Ich denke, dass einige Punkte wichtig sind:

- → sich selber ausloten, wofür man geboren ist
- → selbst initiativ werden, selbst investieren und Zeit hergeben
- → nie nur an die persönliche Karriere denken
- → keine Karriere durch parteipolitische Zugehörigkeit; es ist wichtig, nach vielen Seiten hin frei und offen zu sein
- → in jungen Jahren Mentoren suchen, die einem Rat und Hilfestellung geben

Abschlussbotschaft? Österreich sollte offener und geradliniger werden, Mut haben, über die Grenzen zu springen und parteipolitische Querdenker in Netzwerken zuzulassen.

Hans Sünkel, *Rektor der TU Graz und Vorsitzender der Österreichischen Universitätsrektorenkonferenz*

„Mach dich unverzichtbar."

Hans Sünkel ist seit 2003 Rektor der Technischen Universität Graz; 2007 wurde er in dieser Funktion wiederbestätigt. Zuvor war er 20 Jahre Vorstand des Instituts für Theoretische Geodäsie der Technischen Universität Graz, drei Jahre Direktor des Instituts für Weltraumforschung der Österreichischen Akademie der Wissenschaften und drei Jahre Vizerektor für Forschung an der TU Graz. Seit 2010 ist er auch Vorsitzender der Österreichischen Universitätsrektorenkonferenz. Er ist vor allem in wissenschaftlichen Netzwerken tätig.

Was heißt für Sie Netzwerken? Netzwerke bestehen aus zwei Elementen: Knoten und Kanten. Die Knoten sind die Kreuzungen im Netzwerk, an welchen gleichsam die Akteure sitzen; die Kanten geben dem Netzwerk jene Struktur, die die Aktivitäten in Verbindung mit den Nachbarn bringen. Die Knoten sind wie Neuronen, die feuern. Nicht umsonst funktioniert unser Gehirn als Netzwerk. Ein Netzwerk braucht diese Struktur, es benötigt sowohl die Akteure als auch die Verbindungen untereinander. Entartete Netzwerke gleichen dagegen einem Filz, der nicht funktionieren kann, in dem man gefangen ist. Erst im Netzwerk fängt man an, Kontakte zu knüpfen.

Wie funktionieren Netzwerke in Österreich? Wissenschaftliche Netzwerke funktionieren unterschiedlich. Wenn kleine Länder international reüssieren wollen, so sind sie gut beraten, global zu denken. Für lokale Netzwerke sind eher untergeordnete Probleme wichtig, für global denkende Netzwerke stehen die lokalen Probleme im Hintergrund.

Was war ausschlaggebend für Ihren Erfolg? War ich erfolgreich? Ich habe mich jedenfalls immer bemüht, die von mir angestrebten Ziele auch zu erreichen, und ich habe meinen Weg konsequent beschritten, trotz vieler Widerstände, und ich bin kaum jemals abgewichen von meinen Zielen. Es gibt aber auch Ausnahmen. So etwa strebte ich das Rektorat nie ernsthaft an, da es mir unerreichbar schien. Doch den Wunsch, Universitätsprofessor zu werden, den hatte ich schon in der Mittelschulzeit. Heute sehe ich mich als Wissenschaftsmanager. Nach meinen drei Jahren als Vizerektor wollte ich als Rektor natürlich den Schlussstein setzen. Als Sahnehäubchen drauf, sozusagen zur Abrundung, war es dann auch noch reizvoll, gerade in einer Zeit der Veränderung die Riege der 21 österreichischen Rektoren anzuführen und die Universitätenkonferenz zur Durchsetzung von notwendigen universitären Maßnahmen geschlossen nach außen auftreten zu lassen.

Wie sieht die Erfolgsstrategie für den wissenschaftlichen Bereich aus? *Es ist ganz einfach: Verzichtbar ist man dann, wenn man Ihren Knoten aus dem Netzwerk entfernen kann und das Netzwerk trotzdem funktioniert. Die Moral aus der Geschichte: Man muss sich unverzichtbar machen:*

→ *Entwickeln Sie jene Kompetenzen, die Sie unverzichtbar werden lassen. Und das gilt für jeden Beruf!*

→ *Sehen Sie diese erworbenen Kompetenzen nicht als bequemes Ruhekissen an, sondern als elastisches Sprungbrett, um noch besser zu werden.*

→ *Behalten Sie diese Kompetenzen nicht für sich, sondern geben Sie diese an Ihre Umgebung weiter.*

→ *Haben Sie Mut zur Erkundung des noch nicht entdeckten Neulandes; so beschreiten Sie den Weg in die Forschung.*

→ *Summa summarum bedeutet Erfolg für mich ein Produkt aus 3 „C": CCC = C^3: Competence, Cooperation, Competition.*

Was empfehlen Sie anderen für erfolgreiches Netzwerken? *Manchen Personen gelingt es, parallel zu den wissenschaftlichen auch gesellschaftliche Netzwerke zu pflegen. Das ist durchaus sinnvoll, wenn man seine Ziele rascher erreichen möchte, und es ist letztlich immer ein Vorteil, eine aktive Rolle einzunehmen. Die Social Clubs sind ein sekundäres Netzwerk gesellschaftlicher Art und hatten bei mir nie primären Charakter.*

Was sind Ihre persönlichen Stärken in Bezug auf Netzwerken? Ich bin zielorientiert geprägt, schon seit frühester Kindheit. An meinem neunten Geburtstag wurde Sputnik I gestartet, das war für mich ein besonders beeindruckendes Ereignis. Schon in der Mittelschule habe ich den Namen auf meinen Heften mit o. Univ.-Prof. Dr. techn. dekoriert, nicht wissend, welcher Weg mir bevorstand. (Darüber habe ich natürlich selbst geschmunzelt, aber die Zieldefinition war durchaus ernst gemeint.) Ein weiteres persönliches Attribut: Ich gebe nie auf.

Ich habe Verständnis für die Mitarbeiter, ich suche nicht nach deren Schwächen, sondern versuche vielmehr deren Stärken zu verstärken.

Nach dem Übermut der Jugend und dem Mut der besten Jahre schickt sich nun schön langsam die Demut des Alters an. Insbesondere gegenüber den Entwicklungen, die ich nur mehr staunend beobachten kann. Stets lebe ich nach dem Vorbild Erzherzog Johanns: Mut nach oben und nie Wut nach unten.

In welchen Netzwerken bewegen Sie sich? In meiner Funktion als Vorsitzender der UNIKO, das ist die Universitätenkonferenz, verbinden sich meine universitären Tätigkeiten mit Politik, Wirtschaft und Industrie. Als Rektor habe ich einen Betrieb mit rund 2800 Personen (inklusive Lehrbeauftragte) zu leiten. Als Wissenschafter bin ich naturgemäß in wissenschaftliche Netzwerke eingebunden. Privat bin ich einfaches Mitglied in einem lokalen Skiklub und Ehrenmitglied bei einem Rotary Club und den Traungauern. Mein berufsbedingt schaumgebremstes Privatleben widme ich fast ausschließlich meiner Familie; daher spielen andere gesellschaftliche Netzwerke in meinem Leben keine wirkliche Rolle.

Welche Empfehlung geben Sie für den wissenschaftlichen Bereich? Sie müssen in die hierarchischen Strukturen hineinwachsen. Der wissenschaftliche Werdegang funktioniert nach dem Bottom-up-Prinzip. An die Spitze kommen Sie nur, wenn Sie echte Qualitäten haben. Mit reinrassigen Netzwerken und klaren Zielen.

Hatten Sie Mentoren? Die hat man, wenn man nicht ekelhaft ist. Das beginnt beim Doktorvater, der einen wie die Eltern begleitet auf dem Weg zur Dissertation. Mein ehemaliger Chef hat mich auch immer mit guten

Ratschlägen versorgt, heute sind wir gute Freunde. Er hat mir zum Beispiel geraten: „Hans, wenn du etwas wirklich nicht verstehst, dann halte eine Vorlesung darüber."

Wenn man engagiert und aktiv ist, ergeben sich automatisch Bekanntschaften, und Mentoren bieten sich direkt an. Irgendwann im Leben mutiert man dann selbst vom Mentee zum Mentor, am Weg vom Assistenten zum Professor. Dabei verändern sich natürlich auch das Rollenbild und die Ziele.

Abschlussbotschaft? *Manchmal kann man es nicht verhindern, dass man nach oben fällt. Wenn Sie sich unverzichtbar machen und die Umgebung Sie für die richtige Person hält, dann ist eine Karriere fast unvermeidbar.*

Teil 6:
Netzwerk-Beiträge

Alleine sind wir stark, gemeinsam stärker

Peter Adler: Netzwerke und Macht

Peter Adler produzierte zusammen mit seinem Vater Badewannen und Emailschilder, führte ein Softwarehaus und zahlreiche andere Unternehmen. Während seiner Zeit als Hochschülerschaftsvorsitzender studierte er Jus, danach Politologie, Publizistik und Wirtschaftsinformatik. Nach einigen Jahren Tätigkeit in einer Wirtschaftsprüfungskanzlei wurde er Unternehmensberater und schließlich Mediator.

Haben Sie Macht ?
Wollen Sie Macht ?
Wozu wollen Sie Macht ?
Wollen Sie wirklich Macht haben?

Was ist „Macht"? Aufgrund der vielschichtigen Verwendung des Begriffes Macht und seiner Bedeutungsfülle erscheint es wichtig, den Begriff eingehend zu beleuchten. Landläufig versteht man unter Macht die Fähigkeit von Menschen oder Gruppen, auf das Verhalten und Denken anderer – im eigenen Interesse – einzuwirken, sie zu beeinflussen.

Macht ist ein grundlegender sozialer Aspekt, der in allen Formen des menschlichen Zusammenlebens eine Rolle spielt.

Der österreichische Ökonom Friedrich Glasl liefert uns folgende Definition:

„Macht ist die Möglichkeit eines Actors (des Machtausübenden) in einer gegebenen sozialen Beziehung Einflussmittel so einzusetzen, dass seine Zumutungen das Handeln eines anderen Actors (des Machtunterworfenen) derart bestimmen, dass der machtunterworfene Actor eine geringere Möglichkeit sieht, sich der Zumutung zu entziehen."

Christine Bauer-Jelinek, Psychotherapeutin und Wirtschaftscoach, meint:

„Macht haben bedeutet also, über die Möglichkeit des Handelns zu verfügen."

Damit gibt es zwei Elemente, die den Machtbegriff bestimmen: das Ziel, das ich erreichen möchte, und den Widerstand, den es zu überwinden gilt.

In manchen Institutionen wird das Machtthema oft vermieden, relativiert oder tabuisiert. Genau das Gegenteil aber, also die offene Diskussion, das Bewusstsein über Macht und Machtausübung, sichert die Begrenzung und Kontrolle von Macht.

Der Verlust der Macht Gerade bei uns haben die einst so machtvollen Institutionen in den letzten Jahrzehnten viel an Macht verloren. Dies betrifft den Staat selbst, der durch die Machtabgabe nach „oben", wie etwa an die EU, legislativen, teilweise auch exekutiven Einfluss verloren hat.
Gleichzeitig wurden damit Positionen an den Bürger abgegeben – wie Niederlassungs- oder Erwerbsfreiheit, Liberalisierung des Berufsrechts – oder überhaupt beseitigt wie der Zoll. Dagegen gewinnt die fast völlige Liberalisierung des Kapitalverkehrs eine immer größere Bedeutung.
Ebenso haben sich die Machtpositionen von politischen Parteien, Kirchen, Interessenvertretungen, Vereinen und Verbänden, Arbeitgebern, ja sogar von Schulen und Eltern verändert.
Manch einer von denen, die einmal im Zentrum der politischen Macht saßen, zweifelt heute daran, ob Politik überhaupt noch Macht besitzt. „Für die großen Fragen, die die Globalisierung mit sich bringt, ist unser politisches System nicht gerüstet", meinte zum Beispiel Gerhard Hirschmann, ehemaliger ÖVP-Landesrat in der Steiermark, in einem Interview in der Zeitschrift *News*, 2008. Auch Ferdinand Lacina, ehemaliger SP-Finanzminister und heute in der Bank Austria tätig, ortet einen Machtverlust in der Politik (ebenfalls in *News*): „... seien wir ehrlich: Kein österreichischer Politiker sitzt wirklich an den Hebeln der Macht."

Wohin ist die Macht gewandert? Die Antworten müssen unterschiedlich ausfallen, vieles jedoch ist – wie schon oben erwähnt – in die Kompetenz der BürgerInnen selbst gekommen. Generell ist festzustellen, dass eine Kompetenzverschiebung in Richtung Markt stattgefunden hat.

Die vier Schauplätze der Macht Laut der bereits erwähnten Gründerin und Leiterin des Instituts für Macht-Kompetenz, Christine Bauer-Jelinek, findet „Macht" an folgenden Schauplätzen statt:

Schauplatz Nr. 1 – das „Haus“: Das ist der Familien- und Freundeskreis, in dem wir uns bewegen, der uns das gibt, was wir täglich brauchen: Essen, Trinken, Schlafen, Sicherheit, Zugehörigkeit, Beziehung, Liebe.
Im Haus wird die Macht durch Produzieren von Gefühlen, durch Einsatz von Kraft und Gewalt ausgeübt, durch Liebe oder Liebesentzug, durch Geld, durch Hingabe oder Verweigerung, Förderung oder Unterdrückung.

Schauplatz Nr. 2 – der „Markt“: Am Markt werden unsere Waren und Dienstleistungen angeboten, Leistungen werden erbracht, es wird produziert und gehandelt. Hier werden unsere materiellen Bedürfnisse gedeckt. Hier können Sie Wohlstand erwerben und Karriere machen. Ganz wesentlich ist der Markt, weil Sie sich hier spezialisieren können, und Sie tauschen Ihre Leistungen und Waren gegen das, was Sie selbst brauchen.
Am Markt herrschen Wissen, Kontakte und Geld – wer diese besitzt, hat hier die Macht. Zu den Kontakten gehören Seilschaften, Lobbys, Netzwerke und Klubs, Herkunft und Familie.

Schauplatz Nr. 3 – die „Burg“: Die Burg ist dort, wo unser Gemeinwesen gesteuert wird, in der Politik und Verwaltung. Gemeinden, Länder und Staaten erhalten die Macht zum einen durch die Grundordnung, also dem akzeptierten oder dem mit Gewalt durchsetzbaren Recht, und zum anderen durch verschiedene Arten demokratischer Legitimation. Finanziert wird die Burg vom Haus und vom Markt durch Steuern und Abgaben. Die Macht wird hier durch Funktionen ausgeübt, die den Amtsinhabern von der Rechtsordnung zugeteilt werden. Die Burg will Sicherheit und Ordnung, Strukturen und Kontrolle, will beschützen und bewahren.
Die Burg besteht aus verschiedensten, teils sehr komplexen Teilsystemen, die auch untereinander um die Macht konkurrieren: Nehmen Sie etwa das Zusammenspiel von Nationalrat, Regierung und Parteien einerseits, von Kammern, Verbänden und anderen Interessenvertretungen andererseits. Dazu kommen Lobbygruppen und Einzelinteressen, die durch Funktion, Kontakte, Überzeugung und Gefühle, aber auch durchaus über den Markt oder das Haus (Freunde, Einladungen, Netzwerke, Seilschaften) zur Geltung kommen.
In den letzten Jahrzehnten musste die Burg jedoch einiges an Macht an den Markt abgeben. Das heißt, die Karten sind neu gemischt, denn die Instrumente des Marktes sind wichtiger geworden.

Schauplatz Nr. 4 – der „Tempel“: Der Tempel umfasst die Bereiche Wissenschaft, Glaube, Religion, Spiritualität, Kunst. Hier werden die geistigen Bedürfnisse befriedigt, auch Wertschätzung und Geltung oder Selbstverwirklichung kommen hier zum Tragen. Hier wird weiterentwickelt, wozu das Schulwissen nicht ausreicht. Dazu gehören alle traditionellen Wissenschaften, aber auch das Neue, nicht (Be-)Greifbare.

Diese „Schauplätze der Macht“ unterliegen dem Wandel der Gesellschaft, der Politik und der Wirtschaft. Auch die Veränderung der Werte wirkt sich aus.

Der Wandel der Macht

Gesundheit und Bildung wandern vom Haus zum Tempel, zur Burg und nun auch zum Markt.

Das Haus war einst Schauplatz für alles, von der Geburt bis zum Sterben, war Schutz vor Unwetter und Angriffen. Im Haus wurde produziert, geliebt, gelebt, Kinder wurden gezeugt, geboren und erzogen. Die Alten wurden gepflegt, im Haus aufgebahrt und im nahen Umkreis – meist um die Kirche – zu Grabe getragen. Und auch die Güter wurden im Haus hergestellt und verbraucht.

Im Laufe der Jahrhunderte wurden viele Aufgaben aus dem Haus ausgelagert. Die Übernahme erfolgte zunächst durch kirchliche Einrichtungen, also im Bereich des Tempels, es wurden Ordensspitäler und Klosterschulen gegründet. Maria-Theresia regelte 1774 durch die „Allgemeine Schulordnung" nicht nur den Schulbetrieb, es wurden auch in jedem Pfarrort staatliche „Trivialschulen" (Volksschulen) errichtet und Hauptschulen in den größeren Städten. Die Schule begann also, vom Tempel in die Burg zu wandern. Die Herrscherin unterstellte auch die bis dahin von der Kirche kontrollierten Universitäten der staatlichen Aufsicht.

Der Staat (also die Burg) engagierte sich immer stärker im Bildungswesen, sei es durch gesetzliche Regelungen sowohl organisatorischer als auch inhaltlicher Natur, sei es durch die Anstellung der Lehrerinnen und Lehrer in den katholischen Privatschulen, sei es durch den massiven Ausbau der staatlichen Schulen.

Aber auch hier ist die Entwicklung längst weitergegangen. Die Bildung ist teilweise bereits wieder weitergewandert, und zwar hin zum Markt: Die Mittelschicht kann es sich heute leisten, sich die Schule für ihre Kinder auszusuchen. So gehen viele Sprösslinge in private Schulen wie zum Beispiel die „Vienna International School" in Wien oder aus weltanschaulichen Überlegungen in anthroposophische Schulen (Rudolf Steiner/Waldorf). Manche Eltern betrachten die Konzepte und Methoden der staatlichen Schule als nicht ausreichend für ihre Kinder und gründen neue Schulen.

Eine ähnliche Entwicklung haben die Krankenanstalten genommen. Waren diese anfangs fast durchgehend im Bereich der Kirche angesiedelt, so hat später der Staat massiv investiert. Daneben haben sich neue, private Anbieter etabliert: Die Zahl der Privatsanatorien steigt, und auch viele Versicherungen sind als Eigentümer von Krankenanstalten am Markt.

Der Machtschauplatz „Haus" ist stark geschrumpft.

Auch die Familiensituation generell zeigt sich stark verändert: Die Sippe wurde über die Großfamilie und Kleinfamilie in vielen Fällen zum Singlehaushalt. Dadurch besteht auch immer weniger die Möglichkeit, Kinder, Kranke und Alte zu betreuen. Kochen und Backen besorgt die Industrie oder der in den letzten Jahrzehnten entstandene Sektor der Fast-Food-Ketten. Und auch geboren, gepflegt und gestorben wird in Krankenanstalten und Heimen.

Unterhaltung findet nicht mehr am Esstisch oder im Wohnzimmer bei Schach- oder Kartenspiel statt. Längst dominiert das Fernsehen oder die unzähligen („unseligen"?) Computerspiele.
Mit Hilfe der Technik ist es gelungen, für die sonstige Betreuung des Haushalts immer weniger Zeit einzusetzen: Wasch- und Geschirrspülmaschine, Staubsauger, moderne Heizsysteme statt Kohleschleppen. Meine Windeln wurden noch ausgekocht – wer macht das heutzutage noch?

Christine Bauer-Jelinek ist folgender Ansicht:

„Der Schauplatz Haus ist bereits so reduziert, dass er seine Aufgabe, den Kindern einen geschützten Platz zum Aufwachsen, den Erwachsenen Geborgenheit und Regeneration und den Alten einen würdigen Lebensabend zu bieten, nicht mehr ausreichend erfüllen kann. Weil der/die Einzelne nicht in der Lage ist, die Aufgaben allein zu bewältigen, wird es zu einer Veränderung und einer neuen Arbeitsteilung zwischen den Schauplätzen kommen müssen."

Wann brauche ich welche Macht? Ein Autofahrer wird von einem Polizisten gestoppt. Folgender Dialog entspinnt sich:

„Ich kenne den Polizeipräsidenten!"
Der Polizist schreibt ungerührt weiter.
„Ich kenne die Innenministerin."
Keine Reaktion.
Pause.
Dann der Polizist:
„Den Dworschak hätten Sie kennen müssen, der bin ich."

Ein anderes Beispiel: Wenn ich am Sonntag um 23 Uhr entdecke, dass ich kein Bier mehr zu Hause habe, nutzt mir eine Mitgliedschaft im

Rotary Club recht wenig. In diesem Fall können vielleicht Freunde helfen („Kann ich mir ein Bier von dir holen?"), auch Wissen kann weiterhelfen (immerhin gibt es Lebensmittelgeschäfte, die fast rund um die Uhr geöffnet sind).

Bevor Sie sich nun entscheiden, welche Macht Sie brauchen, welche Möglichkeiten Sie haben, Ihre Macht auszubauen, sollten Sie über Ihre Ziele nachdenken. Denn auf den unterschiedlichen Schauplätzen der Macht gelten jeweils auch andere Regeln, andere Werte, andere Gesetze, die sich nur bedingt mitnehmen oder übertragen lassen: Wir haben es in den letzten Jahrzehnten durchaus erlebt, wie sich ein Wechsel von Personen von der Politik (Burg) in ein Unternehmen (Markt) und umgekehrt auswirkt. Denken Sie nur an verschiedene Politiker bzw. Quereinsteiger.

Es sind jeweils andere Organisationen und Gruppen, die von Bedeutung sind – die Verhältnisse ändern sich rasch –, lernen Sie also die Regeln der Macht jenes Schauplatzes, der für Sie relevant ist.

Das Haus, also die eigene Familie, kann zum Beispiel am Markt helfen. In manchen Fällen garantiert die Familienstruktur ökonomische Sicherheit, Wohlstand und vorausschauende Unternehmensführung; in anderen Fällen führen Gewinnsucht, Zerwürfnisse oder Unfähigkeit in den Abgrund. Überall aber sind Geld, Macht und Beziehungen wesentliche Faktoren. Eine größere Rolle spielt das Haus sicherlich bei der Sicherung der Grundbedürfnisse. Klar ist, dass es definitiv keinen Machtschauplatz gibt, an dem die Familie nicht mitspielt.

Die Spielregeln des Marktes wiederum gibt die Politik vor, also die Burg. Hier sind es die Parteien, Fraktionen, Vorfeldorganisationen, die Kammern und Verbände, die Einfluss haben. Die einzelnen handelnden Personen sind aber oft auch in anderen Gruppen anzutreffen – von Rotary Clubs über das Rote Kreuz bis hin zu diversen Alumni- und AbsolventInnenvereinen.

Die Quellen der Macht Betrachtet man die Modelle, die Macht-Experten aufgestellt haben, so ergeben sich verschiedene Quellen, aus denen Macht gespeist werden kann bzw. entspringt. Es sind dies unter anderen:

- → Macht durch Wissen, Information oder Expertise
- → Macht durch Beziehungen, Kontakte oder Herkunft
- → Macht durch Anerkennung
- → Macht durch Sanktionen, Funktionen oder die Mehrheit
- → Macht durch den Körper oder Hilfsmittel
- → Macht durch Definition oder Deutung
- → Macht durch Überzeugung oder Gefühle

Für unser Thema, nämlich den Bereich „Netzwerke und Macht", ist allein die Macht durch Herkunft, Kontakte und Beziehungen maßgeblich.

Netzwerke sind also nur *eine* Quelle der Macht!

Stärkung der Machtquellen Nun geht es an die Umsetzung: Aufgrund Ihrer eigenen, ganz persönlichen und individuellen Ziele sollen Sie herausfinden, wo Sie eine Stärkung Ihrer Macht benötigen, in welchen Bereichen Sie Unterstützung brauchen könnten.

Hier finden Sie nun Vorschläge für die Stärkung der Machtquelle „Netzwerke". Denken Sie aber auch über eine Stärkung der anderen Machtquellen nach, insbesondere Information (wo bekomme ich was), Wissen, Definitionsmacht und Anerkennung, die natürlich ebenso in den Bereich Netzwerke hineinspielen.

Netzwerke im „Haus":

- → Teilnahme an Familientreffen, eventuell Organisation spezieller Treffen (z. B. Cousin- und Cousinentreffen);
- → gezieltes Kommunizieren mit einzelnen Personen, die Funktions- oder Deutungsmacht haben;

- → Beachtung von besonderen Tagen (Geburts- und Namenstage, vor allem der Kinder, Hochzeits- und Sterbetage etc.);
- → Pflege der weiteren Herkunftsgruppen (Ort, Schule, Bundesheer, Universität, Jungschar, PfadfinderInnen, ehemalige ArbeitskollegInnen usw.);
- → Erarbeitung von Positionen, also für etwas Bestimmtes bekannt sein, für etwas, das Sie gut können: Fachwissen, Kontakte, Handfertigkeiten, Singen, Witze erzählen, Feste organisieren;
- → Deutungsmacht ist schwierig zu erhalten, weil dies meist vorgegeben ist; eventuell durch Funktionen und Positionen innerhalb der Familie und der privaten Gruppen

Netzwerke in der „Burg“:

- → Teilnahme an jeder Art von Gruppe mit verbindlichem Charakter; persönlicher systematischer Beziehungsaufbau;
- → Funktionen in Arbeitsgruppen und Ausschüssen, Fraktionen und Gremien;
- → Einfluss ist oft auch indirekt zu erreichen, indem die dafür relevanten Personen besonders gepflegt werden; dafür eignen sich wiederum viele Gruppierungen und Vereine, die ansonsten dem Schauplatz „Haus“ zuzuordnen wären: Service-Klubs (Rotary, Lions, Soroptimistinnen), Golfklubs, andere Sportvereine, Jagd etc.

Netzwerke am „Markt“:

- → Branchenvereinigungen, Berufsgruppen, Kammern, Verbände;
- → Tagungen, Kongresse;
- → Lieferanten und Kunden;
- → MentorInnen, Vorbilder;

- → Einkaufs- und Vertriebskooperationen, Qualitätsgemeinschaften;
- → in jene Märkte gehen, in denen die eigene Herkunft Geltung hat, Heiraten (persönlich), Fusion oder Kauf (Unternehmen);
- → Erarbeitung von Positionen, Funktionen und Kapazitäten;
- → Teilnahme an Branchengruppen und -aktionen, die marktwirtschaftliche Prinzipien unterlaufen (Werbegemeinschaften, Dachmarken, Normierungen);
- → in jenen Bereichen arbeiten, wo die eigene Herkunft Geltung hat;
- → alle Machtquellen, die auf Entscheidungsträger Einfluss haben;
- → Kauf von oder Fusion mit dem Mitbewerb, Expansion;
- → Funktionen, Positionen in regulatorischen Gremien (Gesetzgebung, Normierung, Verbände);
- → Marktforschung, Werbung und Information gemeinsam mit Teilen des Mitbewerbs;

Netzwerke im „Tempel“:

- → Teilnahme an wissenschaftlichen Tagungen und Kongressen;
- → Aufbau persönlicher Beziehungen zu Wissenden;
- → Mitgliedschaft, Positionen und Funktionen in wissenschaftlichen Vereinigungen;
- → Veranstaltung von und Mitwirkung an Tagungen und Kongressen;
- → besondere Pflege der relevanten Personen;
- → in jenen Bereichen arbeiten, wo die eigene Herkunft Geltung hat;

- → Erarbeitung von Positionen, Funktionen und Überzeugungen (Publikationen, Kongresse etc.)
- → politische und wirtschaftliche Netzwerke, die durch Definitionsmacht (z. B. Forschungsförderung, Budget) und Marktmacht (z. B. Sponsoren) Einfluss auf den Tempel haben;
- → wissenschaftliche Zusammenarbeit und gegenseitige Unterstützung;
- → Beziehungen zu Sponsoren, Politik, Verlagen;
- → Funktionen und Positionen in wissenschaftlichen Vereinigungen;
- → Förderung von WissenschaftlerInnen.

Jetzt sind Sie dran! Versuchen Sie zuzuordnen, welche Machtquellen auf welchem Schauplatz Ihnen helfen könnten:

	Haus	Tempel	Burg	Markt
Information				
Wissen				
Expertise				
Beziehungen				
Kontakte				
Herkunft				
Anerkennung				
Sanktionen				
Funktion				
Mehrheit				
Körper				
Hilfsmittel				
Definition				
Deutung				
Überzeugung				
Gefühle				

Wo finde ich Netzwerke, die mir helfen? Eine Aufzählung von Netzwerken, die Ihnen dabei helfen können, Macht zu erlangen, kann immer nur beispielhaft sein; zum einen, weil es einfach zu viel Platz braucht, in einem Land der Kammern und Vereine alles aufzuzählen; zum anderen, weil uns nicht alle Informationen zugänglich sind. Es ist aber keine Frage der Wichtigkeit, welche Vernetzungsmöglichkeiten aufgezählt werden. Auf den letzten Seiten dieses Buches finden Sie eine Liste von Institutionen, Vereinen und Plattformen in Österreich, die für Sie interessant sein könnten. Ergänzen Sie diese Liste bitte mit allem, was Ihnen aus anderen Quellen zugänglich und bekannt ist! In manche dieser Organisationen kommen Sie durch einfachen Beitritt, bei anderen brauchen Sie Empfehlungen, um aufgenommen zu werden, oder Sie müssen durch Mitgliederversammlungen usw. hineingewählt werden.

Als Beispiel möchte ich Ihnen auf der folgenden Doppelseite eine Visualisierung der Netzwerke von Raiffeisenchef Christian Konrad und Karl Stoss von der Casinos Austria AG zeigen, die uns freundlicherweise Harald Katzmair von der FAS.research – Sozialwissenschaftliche Forschungsgesellschaft, Wien, zur Verfügung gestellt hat.

Christian Konrad hat sowohl im Wirtschaftssegment als auch im Gesellschaftsbereich eine hohe Netzwerkdichte. Dies deutet auf besonders tragfähige Vertrauensbeziehungen hin. Die Schlüsselpositionen sind anhand der Grafik rasch zu erkennen: Von den Netzwerkknoten „IV Bundesvorstand“ und „Raiffeisen Landesbank NÖ-Wien AG“ gehen besonders viele Beziehungen zu anderen Personen aus – ein beeindruckendes Netzwerk mit durchaus hohem Koordinationsbedarf.

Das Netzwerk von Karl Stoss ist geprägt von einer hohen Netzwerkdichte im Bereich der Gesellschaft: Knotenpunkte sind die Universität Wien und viele, sehr unterschiedliche Kulturinstitutionen. Einen der Hauptknoten bildet sichtlich das Rote Kreuz und auch die „Freunde des Theaters an der Wien“, im Bereich der Interessenvertretungen die WKÖ-Bundessparte „Bank und Versicherung“.

Im Endeffekt geht es darum, ob und wie viel Macht Sie selber anstreben, wie viel Sie sich selbst zugestehen und wie viel Sie bereit sind, dafür zu tun bzw. zu geben.

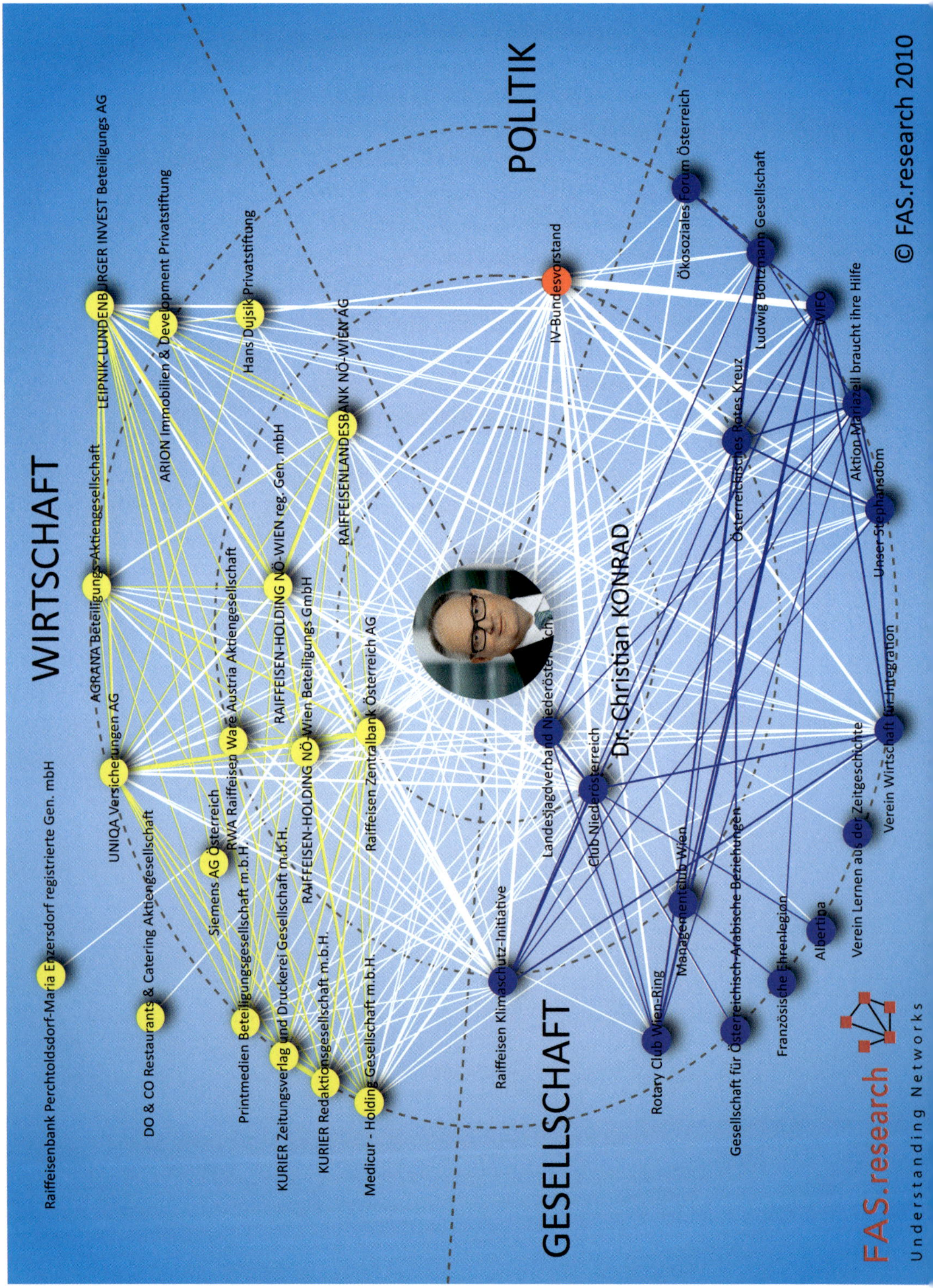
WIRTSCHAFT
POLITIK
GESELLSCHAFT
Dr. Christian KONRAD
Raiffeisenbank Perchtoldsdorf-Maria Enzersdorf registrierte Gen. mbH
DO & CO Restaurants & Catering Aktiengesellschaft
UNIQA Versicherungen AG
AGRANA Beteiligungs-Aktiengesellschaft
LEIPNIK-LUNDENBURGER INVEST Beteiligungs AG
ARION Immobilien & Development Privatstiftung
Hans Dujsik Privatstiftung
Siemens AG Österreich
RWA Raiffeisen Ware Austria Aktiengesellschaft
RAIFFEISEN-HOLDING NÖ-WIEN reg. Gen. mbH
RAIFFEISENLANDESBANK NÖ-WIEN AG
Printmedien Beteiligungsgesellschaft m.b.H.
KURIER Zeitungsverlag und Druckerei Gesellschaft m.b.H.
RAIFFEISEN-HOLDING NÖ-Wien Beteiligungs GmbH
KURIER Redaktionsgesellschaft m.b.H.
Raiffeisen Zentralbank Österreich AG
Medicur - Holding Gesellschaft m.b.H.
IV-Bundesvorstand
Ökosoziales Forum Österreich
Ludwig Boltzmann Gesellschaft
WIFO
Österreichisches Rotes Kreuz
Aktion Mariazell braucht ihre Hilfe
Unser Stephansdom
Landesjagdverband Niederösterreich
Club Niederösterreich
Verein Wirtschaft für Integration
Verein Lernen aus der Zeitgeschichte
Raiffeisen Klimaschutz-Initiative
Managementclub Wien
Gesellschaft für Österreichisch-Arabische Beziehungen
Französische Ehrenlegion
Albertina
Rotary Club Wien-Ring
Gesellschaft für Österreichisch-Arabische Beziehungen
FAS.research
Understanding Networks
© FAS.research 2010

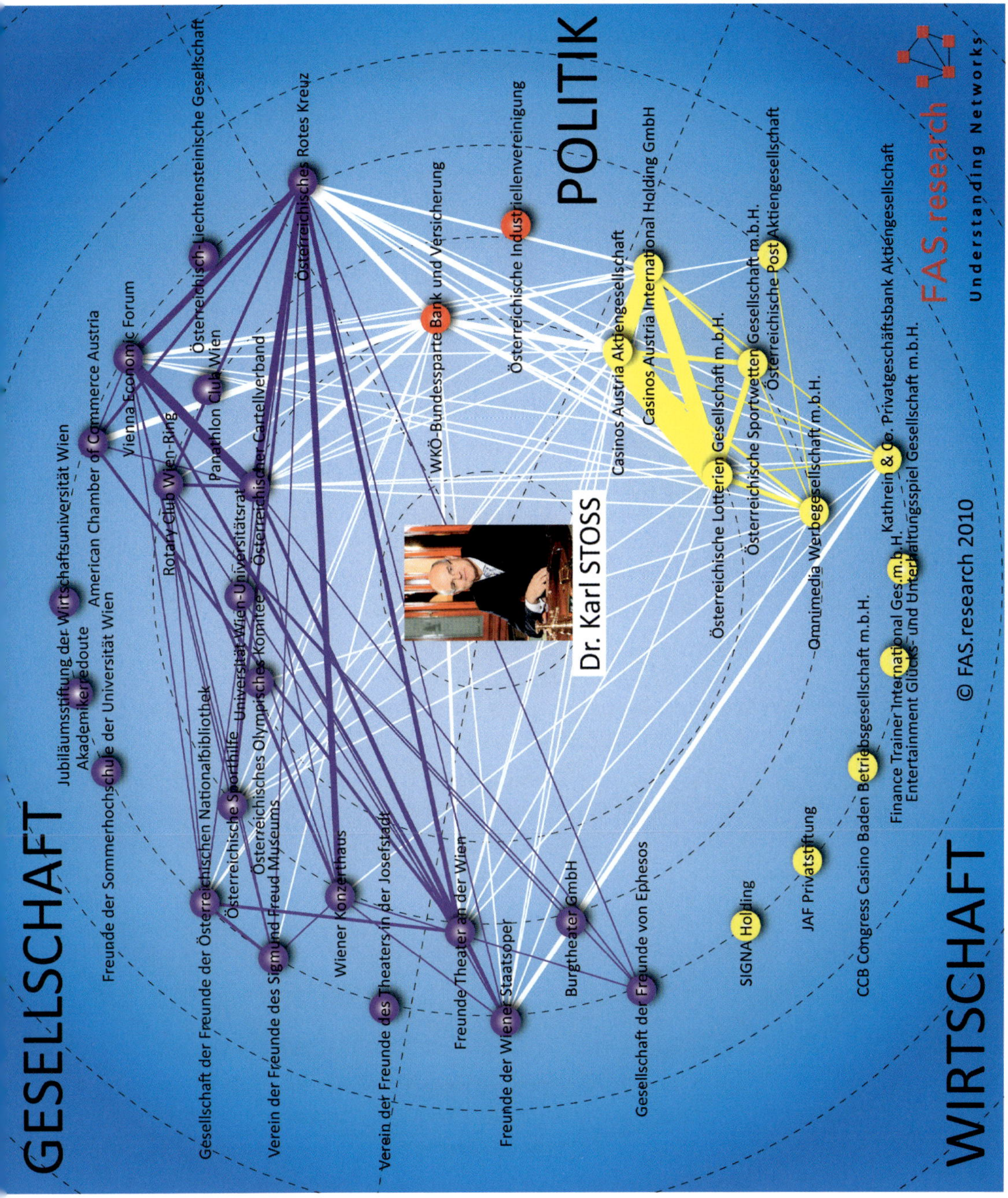
GESELLSCHAFT
POLITIK
WIRTSCHAFT
Dr. Karl STOSS
FAS.research
Understanding Networks
© FAS.research 2010
Österreichisches Rotes Kreuz
Österreichisch-Liechtensteinische Gesellschaft
Vienna Economic Forum
American Chamber of Commerce Austria
Jubiläumsstiftung der Wirtschaftsuniversität Wien
Akademikerredoute
Freunde der Sommerhochschule der Universität Wien
Panathlon Club Wien
Rotary Club Wien-Ring
Österreichischer Cartellverband
Universitätsrat
Universität Wien-Universitätsrat
Österreichisches Olympisches Komitee
Gesellschaft der Freunde der Österreichischen Nationalbibliothek
Österreichische Sporthilfe
Österreichisches Olympisches Komitee
Verein der Freunde des Sigmund Freud Museums
Wiener Konzerthaus
Verein der Freunde des Theaters in der Josefstadt
Freunde Theater an der Wien
Freunde der Wiener Staatsoper
Burgtheater GmbH
Gesellschaft der Freunde von Ephesos
WKÖ-Bundessparte Bank und Versicherung
Österreichische Industriellenvereinigung
Casinos Austria Aktiengesellschaft
Casinos Austria International Holding GmbH
Österreichische Lotterien Gesellschaft m.b.H.
Österreichische Sportwetten Gesellschaft m.b.H.
Österreichische Post Aktiengesellschaft
Omnimedia Werbegesellschaft m.b.H.
Kathrein & Co. Privatgeschäftsbank Aktiengesellschaft
Entertainment Glücks- und Unterhaltungsspiel Gesellschaft m.b.H.
Finance Trainer International Ges.m.b.H.
CCB Congress Casino Baden Betriebsgesellschaft m.b.H.
JAF Privatstiftung
SIGNA Holding

Mario Körbler: Online-Netzwerke

Mario Körbler ist Geschäftsführer der WebAgentur Körbler und von ametis, einem Anbieter für Enterprise Content Mangement-Lösungen. Seine Unternehmen beschäftigen sich mit den Themen Internet, digitales Marketing und Kommunikation. Zu seinen über 700 Kunden zählen die Österreichische Akademie der Wissenschaften, die Gewerkschaft öffentlicher Dienst, die Universität Graz oder auch die Firma HIPP Babynahrung. Mario Körbler studierte in Deutschland Wirtschaftsingenieur und absolvierte seinen MBA in General Management am St. Mary's College in Kalifornien.

Öffentlich zugängliche Online-Netzwerke erfreuen sich wachsender Beliebtheit. Ihre Nutzerzahl steigt und damit auch die Zahl der potenziellen Interaktionspartner, die über ein solches Netzwerk erreicht werden können. Dies bestätigt eine vom Marktforschungsinstitut GfK Austria 2009 durchgeführte Studie: 70 Prozent der österreichischen Internetuser nutzen zumindest ein Online-Netzwerk, bei den 14- bis 19-Jährigen praktisch sogar alle. Diese hohen Nutzungszahlen in Österreich dürfen jedoch nicht über die tatsächliche Bedeutung von Online-Kontakten hinwegtäuschen. Denn nach einer weiteren Untersuchung von GfK Austria ist nur ein Drittel der befragten 12- bis 24-jährigen Internetnutzer der Meinung, dass Kommunikation mit Freunden im Netz genauso ist, wie sie persönlich zu treffen. Nur 14 Prozent erleben ihre Online-Freundschaften genauso eng wie jene außerhalb des Netzes. Diese Ansicht kann mit hoher Wahrscheinlichkeit auch auf die Wirtschaft übertragen werden.

Es ist unbestritten, dass Online-Netzwerke zahlreiche Möglichkeiten bieten. Ebenfalls erwiesen ist jedoch, dass sie auch Gefahren bergen. Der leichte Zugang zu Informationen beispielsweise muss ambivalent betrachtet werden. Einerseits hat man rasch Kontaktdaten potenzieller Interaktionspartner zur Hand, die eigenen Daten sind jedoch ebenfalls relativ offen zugänglich. Für einen Profi stellt es keine große Schwierigkeit dar, an diese Daten heranzukommen. Wer seine Urlaubsfotos in Online-Netzwerken veröffentlicht, sollte sich bewusst sein, dass diese

Bilder auch von vielen anderen gesehen werden können. Warum manche Online-Netzwerke nur für die Rechner der Personalabteilungen nicht gesperrt sind, bleibt Ihrer Interpretation überlassen. Aber spätestens wenn die Fotos der durchzechten Samstagnacht auf der eigenen Profilseite zu sehen sind, sollte man sich fragen, ob diese Information wirklich alle Welt interessiert.
Auch wer sich weigert, auf diesen Zug aufzuspringen, kann überrascht werden, nämlich wenn er plötzlich von Freunden angesprochen wird, was sie nicht Interessantes über ihn in einem Online-Netzwerk erfahren oder gar gesehen hätten. Wer in einem Online-Netzwerk aktiv ist, weiß zumindest, was über ihn darin geschrieben wird und kann diese Inhalte kontrollieren. Insgesamt gilt also, dass eine Nutzung mit Maß und Ziel und vor allem mit selektiver Informationspreisgabe durchaus förderlich sein kann.

In den letzten Jahren haben sich zahlreiche Online-Business-Netzwerke entwickelt, wobei im Internet ähnliche Kriterien gelten, wie man sich richtig verbindet, verknüpft und vernetzt, wie in der realen Welt. Aber auch die sozialen Netzwerke werden für Unternehmer und Führungskräfte immer interessanter, um Verabredungen zu planen, Kontaktdaten auszutauschen oder mit Geschäftspartnern in Kontakt zu bleiben. Der große Vorteil von Netzwerken im Internet ist natürlich, dass überall auf der Welt die Möglichkeit besteht, online zu netzwerken – zum Beispiel über den Laptop.

Generell gilt jedoch: Online-Netze können nur eine Ergänzung zum richtigen Netzwerken sein.

Und noch eins muss gesagt werden: Business-Netzwerken führt auch im Web 2.0-Zeitalter nur dann zum Erfolg, wenn bereits ein persönlicher Kontakt besteht oder wenn man plant, sich mit der Kontaktperson aus dem Internet in naher Zukunft wirklich zu treffen. Dabei gilt auch online die Regel, den Vorteil des anderen ebenfalls im Hinterkopf zu behalten.

Heutzutage müssen sich Unternehmen, Angestellte und auch Selbstständige optimal in der virtuellen Welt – dem weltweit größten Netzwerk – präsentieren. Das World Wide Web schafft Chancen im

Bereich Networking und Marketing, von denen wir vor einigen Jahren in dieser Form nicht einmal zu träumen wagten. Denn gerade auch kleinere und mittlere Unternehmen haben online die Chance, mit größeren Unternehmen und Konzernen mitzuhalten und die eigenen Vorteile auszuspielen.

Im Internet gibt eine Vielzahl an Netzwerken, genannt seien hier zum Beispiel LinkedIn (www.linkedin.com), MySpace (www.myspace.at) oder auch StudiVZ (www.studivz.at). Zu den bekanntesten Business-Netzwerken im europäischen Raum zählt XING (www.xing.at), auf das wir gleich detaillierter eingehen werden. Das größte soziale Netzwerk derzeit ist und bleibt das US-basierte Facebook (www.facebook.at). Diese Plattform wird aber inzwischen nicht mehr ausnahmslos von Privatpersonen wie Schülern oder Studenten benutzt, auch Unternehmen sind hier bereits präsent. Dabei wird Facebook im geschäftlichen Umfeld vor allem verwendet, um Status-Updates zu veröffentlichen und die Facebook-Community mit Produktinformationen zu versorgen.

Ihre digitale Identität am Beispiel XING XING (www.xing.at) ist eine Plattform der Web 2.0-Generation und ein soziales Netzwerk für berufliche Kontakte. Geschäftsleute suchen und finden hier wichtige Informationen, Aufträge, Mitarbeiter, Jobs, Kunden, Ideen und Lösungen. Derzeit hat XING fast zehn Millionen Mitglieder und stellt in 16 Sprachen über alle Branchen hinweg Kontakte her.

Die Basis von XING stellt das Profil eines Mitglieds dar. Der große Vorteil gegenüber Ihrer eigenen Kontaktdatenbank ist, dass sich Ihre Kontakte bei XING selbst aktualisieren. Sie werden sogar benachrichtigt, wenn sich die Profilinformationen Ihrer Kontakte ändern. Dadurch haben Sie immer die aktuellen Daten Ihrer Kunden, Partner oder Interessenten zur Hand, wissen, wenn jemand das Unternehmen wechselt oder wenn sich sonstige Informationen ändern. Das Profil kann von jedem Mitglied selbst verwaltet werden.

Beachten Sie bei der Gestaltung Ihres Profils bitte folgende Regeln, die aber nicht nur für XING gelten, sondern generell ausschlaggebend für Ihre digitale Identität sind.

Wesentlich ist, dass Sie für das Netzwerk immer interessant und aktuell sein müssen:

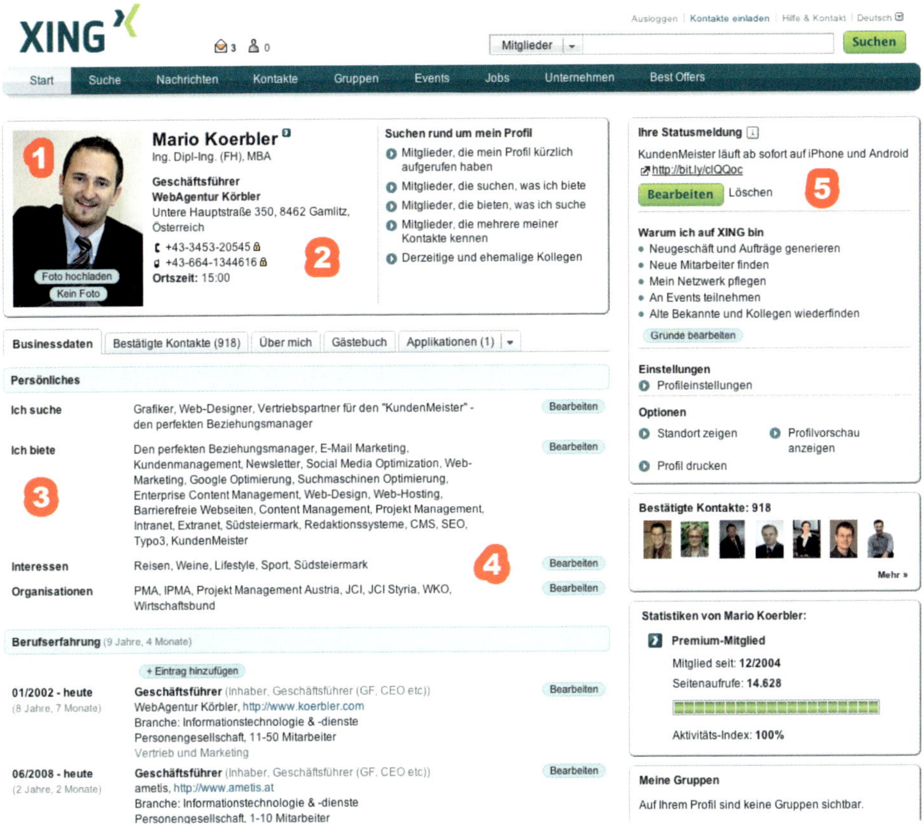

1. Setzen Sie auf ein professionelles Foto. Auch im Internet gilt: Die ersten paar Sekunden entscheiden, und hier haben Sie keine Chance, über einen interessanten Small Talk Ihre chaotische Frisur wieder gutzumachen. Da bei XING das Foto immer links steht, sollten Sie im Idealfall nach rechts schauen. Sonst würde es so aussehen, als ob Sie sich von Ihrem eigenen Profil distanzieren wollten. Natürlich müssen Sie jetzt nicht sofort ein neues Foto schießen – mittels Photoshop (Bearbeiten – Transformieren – Horizontal spiegeln) können Sie Ihre Blickrichtung ändern. Achten Sie auf den Hintergrund: Ein neutraler Hintergrund ist besser als ein Foto von ihrem letzten Griechenland-Urlaub mit Sonnenuntergang. Ein entscheidender Faktor ist – wie auch beim richtigen Netzwerken: Lächeln Sie! Unzählige Studien beweisen, dass ein Lächeln

sympathischer macht und solche Profile im Internet wesentlich öfter angeklickt werden.

2. Füllen Sie Ihre Kontaktdaten sauber aus. Gut ausgefüllte Kontaktinformationen (Telefonnummer, E-Mail-Adresse, Straße, Postleitzahl, Ort) zeigen Seriosität und erleichtern die Kontaktaufnahme.

3. Füllen Sie die Felder „Ich suche" und „Ich biete" optimal aus! Diese beiden Rubriken sind bei sehr vielen XING-Kontakten weder ausreichend noch intelligent strukturiert. Absolutes Tabu sind Floskeln wie „nette Kontakte", denn erstens schreiben das sehr viele, und zweitens ist das selbstverständlich, sonst würden Sie sich nicht in einem Online-Business-Netzwerk präsentieren. Auch allgemeine Standardfloskeln wie „Netzwerken" zeugen nicht gerade von großer Kreativität.

   Im Feld „Ich suche" sollten Sie ins Detail gehen und wirklich hinschreiben, was Sie suchen. Ich suche beispielsweise derzeit nach guten GrafikerInnen und Web-DesignerInnern, und genau das steht auch in meinem XING-Profil. Seither erhalte ich pro Woche ca. vier bis fünf brauchbare Bewerbungen. Das Geheimnis liegt darin, exakt die Wörter zu verwenden, die andere Menschen auf dieser Plattform suchen. Wenn ein Grafiker oder Freelancer auf XING nach Personen mit diesen Suchkriterien sucht, wird er genau das in die Suche eingeben. Hier sollten Sie nach dem Spruch vorgehen: „Der Wurm muss dem Fisch schmecken und nicht dem Angler."

   In der Rubrik „Ich biete" macht es Sinn, viele unterschiedliche Stichwörter zu verwenden. Bilden Sie hier so wenig ganze Sätze wie möglich, denn ganze Sätze eignen sich sehr schlecht für die XING-Suchmaschine, da nur jener Kontakt auf Sie stoßen würde, der genau diesen Satz eingibt. Dieses Feld ist auch gleichzeitig der Platz für Ihre Selbstvermarktung. Hier sollten Sie jene Informationen eintragen, die Sie Ihren Kontakten und potenziellen Kunden anbieten können. Beschreiben Sie, welche Stärken Sie haben und welche Anknüpfungspunkte für eine Kooperation möglich wären. Im Idealfall können Sie sich mit dieser Methode von der Masse abheben und die Besucher Ihrer Profilseite neugierig machen. Ich hatte beispielsweise schon einige Anfragen: „Sie bieten den perfekten Beziehungsmanager? Na, den will ich aber sehen!"

4. Im Feld „Interessen“ müssen Sie auf alle Fälle glaubwürdig und authentisch wirken. Führen Sie nicht zu viele an, der Idealfall ist eine interessante Mischung aus vier bis fünf kulturellen, fachlichen und sportlichen Interessen, damit sich der Betrachter der Seite ein Bild von Ihnen machen kann und dieses Bild auch in seinem Kopf fix verankert bleibt.

5. Nutzen Sie Ihre „Statusmeldung“, eine Art virtuelles Laufband oder virtueller Banner, das auf der Startseite Ihrer XING-Kontakte direkt in der Rubrik „Neues aus meinem Netzwerk“ veröffentlicht wird. Damit können Sie alle auf dem Laufenden halten. Geben Sie über diesen Kanal auch Lob und Anerkennung an andere weiter, oder bitten Sie Ihre Netzwerkpartner um Hilfe, indem Sie beispielsweise in der Statusmeldung nach einer Adresse für einen guten Dienstleister fragen. Über eine Empfehlung dieses Buches in Ihrer Statusmeldung würden wir uns natürlich auch sehr freuen!

Jetzt haben Sie es geschafft!

Ihr Profil glänzt durch ein tolles Foto, und Ihre Informationen sind so interessant und zielgerecht formuliert, dass Sie sich in Zukunft wahrscheinlich vor Kontaktanfragen kaum retten können, da die XING-Suchmaschine nicht mehr an Ihrem Profil vorbei kann.

Tipps für's Online-Netzwerken Verwenden Sie die Netzwerkplattformen zur Nachbearbeitung Ihrer Termine und Veranstaltungen. Ich organisiere für die Veranstaltungsreihe „UBIT on Tour“ der Wirtschaftskammer immer wieder interessante Events für Unternehmensberater und Informationstechnologen in der Südsteiermark, zu denen rund 15 bis 40 interessierte Unternehmer oder Führungskräfte kommen. Auf diversen Plattformen (LinkedIn, Facebook, XING) besteht die Möglichkeit, diese Veranstaltungen zu veröffentlichen. Dadurch kann ich ein breites Publikum erreichen und mich zusätzlich als Veranstalter und Organisator entsprechend gut auf den unterschiedlichen Plattformen positionieren.

Nach einer solchen Veranstaltung suche ich jene Teilnehmer, mit denen ich noch nicht vernetzt bin, auf XING und stelle jedem persönlich eine

Online-Kontaktanfrage. Dabei erkundige ich mich natürlich auch gleich, ob ihm die Veranstaltung gefallen hat, und kann so sofort eine Nachbearbeitung durchführen. Mit dieser Methode kann ich sehr effizient eine Beziehung zu diesen Kontakten herstellen, und der Kontakt fühlt sich – bei meiner Frage nach seinem Feedback – in den Mittelpunkt meiner Interessen gestellt. Natürlich suche ich nach Netzwerkveranstaltungen auch nach jenen Leuten, von denen ich eine Visitenkarte bekommen habe, und stelle so am nächsten Tag den ersten Kontakt zu diesen Personen her.

Online-Plattformen geben Ihnen die Möglichkeit, nach dem Kennenlernen eines neuen Kontaktes effizient den nächsten Schritt zu gehen.

Bedanken Sie sich beispielsweise für das interessante Gespräch und teilen Sie Ihrem Kontakt mit, dass Sie ihn gerne mal wieder auf einen Kaffee oder ein Glas südsteirischen Wein treffen würden.

Der große Vorteil einer Plattform wie XING ist, dass Sie sofort nachvollziehen können, wenn diese Person auch Ihre Profilseite betrachtet. Darüber hinaus können Sie Informationen und Notizen bei Ihren Kontakten ablegen. Die Kontaktaufnahme über eine Online-Plattform wie XING sollte in klarer, natürlicher Sprache erfolgen. Permanente Kleinschreibung ist zwar im Umgang mit Freunden über eine Plattform wie Facebook in Ordnung, im geschäftlichen Bereich sollte eine Nachricht aber so verfasst werden wie ein normaler Brief.

Das Hinzufügen von Kontakten, die Sie persönlich nicht kennen, also eine Erstanfrage, muss immer sehr gut bedacht und strategisch formuliert sein. Nehmen wir das Beispiel des an einer anderen Stelle dieses Buches bereits erwähnten Verlagsmitarbeiters: „... wenn Sie einmal in Richtung Verlag oder Buch etwas brauchen, wenden Sie sich an mich.“ Das ist eine kurze Nachricht, die auch nicht unbedingt eine Antwort erwartet. Bei manchen Branchen wie beim Verkauf von Anlage-Investitionen wird selbstverständlich mehr bzw. ein aufschlussreicherer Inhalt notwendig sein. Wesentlich bei der Kontaktaufnahme ist in jedem Fall, dass die Anfrage für Ihr Gegenüber interessant sein muss. Im konkreten Fall war die Anfrage schon fast eine Aufforderung, die folgendermaßen interpretiert werden könnte: „Ich habe mir Ihr Profil genau angeschaut – warum schreiben Sie nicht ein Buch? Wir stehen Ihnen zur Verfügung". Vertrauen ist auch hier ein wichtiger Erfolgsfaktor, und das Profil des Kontakts muss überzeugen.

Nutzen Sie Online-Gruppen (Foren) als Netzwerkinstrument: Viele Plattformen haben Foren, die zur Lösungsfindung von Problemen oder zur Diskussion unterschiedlichster Themen von den Kontakten sehr gut angenommen werden. Diese Gruppen geben Ihnen die Möglichkeit, sich als Experte oder Interessent für unterschiedlichste Thematiken zu profilieren. Sie werden als Fachmann oder Fachfrau identifiziert, von den anderen Mitgliedern wahrgenommen und haben die Chance, Kontakt zu potenziellen Netzwerkpartnern aufzunehmen, die sonst für Sie unerreichbar wären. Wesentlich ist, dass Ihre Nachrichten authentisch sind und Sie genau angeben, welche Ziele Sie verfolgen und was Sie sich von den anderen Mitgliedern erwarten. Tragen Sie sich zuerst in einem Forum, für dessen Thema Sie sich interessieren, ein, und beobachten Sie, wie es funktioniert. Dann nehmen Sie aktiv mit Artikeln daran teil. Wenn Sie Spaß daran haben, können Sie auch selbst eine Gruppe gründen. Oder Sie übernehmen die Organisation von XING-Veranstaltungen in Ihrem Raum. Die Gruppe Graz ist zum Beispiel sehr aktiv.

Nutzen Sie die Funktion „Kartenansicht": Machen Sie sich ein Bild, in welcher Region oder Stadt sich Ihre Kontake befinden.

Wenn Sie beispielsweise einen Termin in Graz haben, können Sie über XING nachsehen, welche Leute aus Graz sind, und die Gelegenheit nutzen, um sie zu kontaktieren und sich spontan auf ein Mittagessen oder einen After-Business-Cocktail zu verabreden.

Belohnen Sie (Online)-Empfehlungen: Versuchen Sie zu erfassen, wie viel Prozent Ihres Umsatzes von Partnern oder Netzwerkkontakten kommen. Sie werden staunen, im Regelfall macht dies einen guten Prozentsatz des Umsatzes aus. Wir verwenden für diese Erfassung die CRM-Software „Kunden-Meister", mit deren Hilfe wir per Knopfdruck wissen, wie hoch dieser Prozentsatz ist. Natürlich muss für jeden Verkaufsabschluss genau protokolliert werden, über welche Quelle der Abschluss zustande gekommen ist.

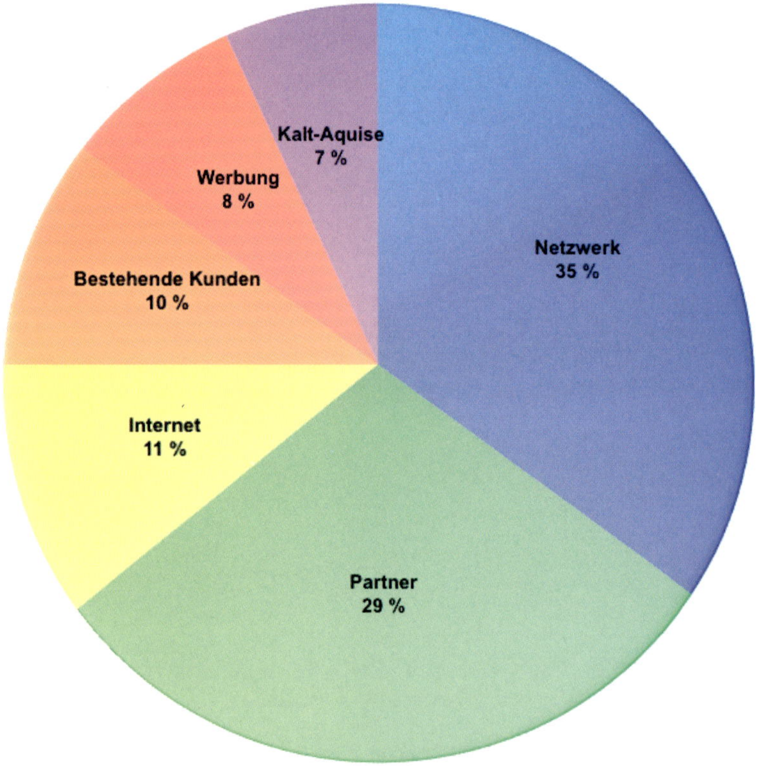

Das ist ein nicht unerheblicher Aufwand, der sich aber lohnt. Führen Sie eine Statistik über Ihre Top-Empfehler und laden Sie diese beispielsweise auf eine Buschenschanktour in die Südsteiermark ein.

Erstellen Sie einen Online-Netzwerk-Kommunikationsplan: Setzen Sie sich messbare Ziele und daraus abgeleitet erreichbare Arbeitspakete, um Ihr Online-Netzwerkziel zu erreichen. Zu Beginn dieses Prozesses müssen Sie für sich bzw. für Ihr Unternehmen klären, welche Absichten, Chancen und auch Risken Sie im Online-Netzwerken sehen. Fokussieren Sie sich dabei auch auf wichtige „Multiplikatoren". So bezeichne ich Personen, die auch ein gutes Netzwerk haben und die für mich oder mein Unternehmen interessant sein könnten. Oft sind dies Leute, die in einem komplett konträren Bereich tätig sind: Auch sie „besitzen" ein Netzwerk, zu dem ich sonst nur sehr schwer Zugang bekommen würde.

Weisen Sie auf Ihre Online-Netzwerkprofile hin: Verlinken Sie Ihr XING- oder LinkedIn-Profil in Ihrer E-Mail-Signatur oder auf Ihrer Homepage. So machen Sie es Ihren Netzwerkpartnern noch einfacher, längerfristig mit Ihnen in Kontakt zu bleiben.

Blogs und Twitter – Netzwerken im Web 2.0 Ob Videoposts, Tipps oder Neuigkeiten – Blogs und Tweets erfreuen sich derzeit größter Beliebtheit, um aktuelle Informationen schnell und einfach zu verbreiten, Ihre Kontakte auf dem Laufenden zu halten und Ihr Netzwerk mit Hilfe von potenziellen Kontakten zu erweitern.

Damit Ihre Kontakte überhaupt wissen, dass Sie ein Weblog betreiben und auch regelmäßig twittern, müssen Sie auf Ihrer Webseite, ihrem XING-Profil und in Ihrer E-Mail-Signatur auf diese Kommunikationskanäle hinweisen.

Wenn Sie sich entschieden haben, Blogs zu veröffentlichen, sind folgende Punkte für einen Erfolg ausschlaggebend.

Bloggen Sie in regelmäßigen Abständen: Sie können unter www.wordpress.com kostenlos einen eigenen Blog eröffnen und nach wenigen Minuten Einarbeitungszeit sofort eigene Beiträge verfassen. Versuchen Sie zumindest, einmal pro Woche einen interessanten Artikel zu veröffentlichen. Orientieren Sie sich dabei zu 100 Prozent an Ihrer Zielgruppe. Blogs sind nur dann interessant, wenn sie einen Mehrwert für Ihre Kunden produzieren. Sie können natürlich auch Gastautoren bitten, auf Ihrem Blog interessante Beiträge zu veröffentlichen.

Beauftragen Sie eine Webagentur, Ihren Blog zu optimieren: Ein optimierter Weblog bringt Ihnen neue Kontakte über das Internet, da diese potenziellen Kontakte Sie über die Suchmaschinen finden.

Bloggen Sie zur richtigen Zeit: Viele Statistiken zeigen, dass ein Blogbeitrag am Samstag, Sonntag oder Montag nicht sehr viele Leser findet. Schreiben Sie neue Blogbeiträge eher zur Wochenmitte, um den maximalen Effekt zu erzielen.

Setzen Sie auf Videos in YouTube (www.youtube.com): Heute kann man mit einfachen Mitteln Videos aufzeichnen und diese dann mit Hilfe des Weblogs veröffentlichen. Sie haben auch die Möglichkeit, diese Videos auf YouTube zu stellen und können YouTube somit als Marketing-Plattform nutzen. Vergessen Sie nicht, auch entsprechende Schlüsselwörter auf dem YouTube-Video zu hinterlegen, damit es bei möglichst vielen Suchanfragen in YouTube, Google & Co angezeigt wird. Bei Verlinkung mit Ihrer Homepage können Sie auch Ihr Google-Ranking verbessern.

Integrieren Sie Social Media Bookmarks: Über diese Bookmarks kann jeder Besucher Ihrer Webseite einen interessanten Link wieder an soziale Netze weiterleiten. Wenn einem Besucher ein Artikel von Ihnen besonders gut gefällt, kann er diesen Artikel mit einem Klick auf seiner Facebook-Seite veröffentlichen.

Nutzen Sie Twitter, um Ihre Kontakte mit kurzen, aktuellen Informationen über Sie als Person oder über Ihr Unternehmen auf dem Laufenden zu halten. Unter www.twitter.com können Sie sich kostenlos Ihren Twitter-Zugang sichern und nach Stichworten oder Kontakten suchen. Wenn Sie in der Twitter-Suche „koerbler“ eingeben, finden Sie schon einmal Ihren ersten Twitter-Kontakt!

Folgende Tipps werden Sie dabei unterstützen, auch beim Twittern neue Netzwerkkontakte zu generieren.

Informieren Sie Ihre Kontakte, dass Sie ab sofort auch twittern: Nach der Redewendung „Tue Gutes und rede darüber“ müssen Sie natürlich auch Ihren Twitter-Zugang verbreiten.

Integrieren Sie Twitter in Ihre Webseite: So können Sie Ihre Besucher auf Ihren Twitter-Zugang hinweisen. Wenn Sie Twitter gleich in die Startseite Ihrer Webseite integrieren, halten Sie automatisch auch gleich Ihre Homepage immer auf dem letzten Stand. Das werden Ihnen auch die Suchmaschinen belohnen, die in regelmäßigen Abständen auf Ihre Startseite zugreifen und bewerten, wie aktuell Ihre Webseite ist bzw. wie oft Sie die Startseite aktualisieren.

Verwenden Sie nicht alle 140 Zeichen, die Sie für einen Tweet zur Verfügung haben, denn dann haben Ihre Kontakte keine Möglichkeit mehr, einen Kommentar zu hinterlegen oder Ihre Nachricht über das bekannte RT (Retweet) weiterzuleiten. Lassen Sie also mindestens 35 Zeichen frei.

Gestalten Sie Ihre Twitter-Seite individuell, um sich von anderen abzuheben, und geben Sie auf dieser Seite weitere Kontaktinformationen bekannt. Auf diesem Weg können Sie Kontakte und potenzielle Kunden leicht und unkompliziert erreichen.

Facebook Nutzen Sie Facebook (www.facebook.com), um Ihre Person, Ihr Unternehmen oder Ihre Produkte und Leistungen in der Nr. 1 der sozialen Medien bekanntzumachen und Ihr Netzwerk über dieses Portal zu pflegen.

Registrieren Sie sich als Facebook-Mitglied und erstellen Sie ein Profil: Sie können in Facebook die Inhalte kontrollieren, die veröffentlicht werden bzw. mit anderen geteilt werden (Einstellungen – Privatsphäre). Wir empfehlen Ihnen, dieses Profil so zu definieren, dass es in den Suchmaschinen nicht gefunden werden kann: Unter den Einstellungen im Bereich „Öffentliche Suche“ können Sie Ihre Facebook-Seite für Suchmaschinen sperren. Wir empfehlen Ihnen auch, gewisse Informationen wie Bilder oder die Option „Fotos und Videos, in denen ich markiert bin“ nur Ihren direkten Freunden zugänglich zu machen. Zu schnell landen Partyfotos auf Facebook und sind dann für alle weltweit verfügbar. Mit dieser Einstellung kommen Sie diesem Missbrauch zuvor.

Facebook-Benutzer können sogenannte Fanpages oder Groups zu erstellen. Als Unternehmer oder Führungskraft können Sie so Ihr eigenes Netzwerk auf Facebook aufbauen und online Kontakt zu Ihren Kunden, Partnern und Interessenten halten.

Wesentlich ist, dass Sie vorher dafür eine Strategie erstellen und innerhalb Ihres Unternehmens Verantwortlichkeiten dafür definieren. Geben Sie den Fans Ihrer Fanpage einen Mehrwert. Bieten Sie Informationen an, die nur auf dieser Fanpage zur Verfügung stehen. Bleiben Sie konsistent, fokussiert und – vor allem: Bleiben Sie authentisch. Wenn Sie sich für eine Facebook-Fanpage entscheiden, müssen Sie auch hier in regelmäßigen Abständen Informationen veröffentlichen, damit Ihre Fans entsprechend versorgt sind. Sprechen Sie Ihre Fans in Ihrer eigenen Sprache an, sie möchten Informationen erhalten, die von Ihnen kommen. Sie müssen aber auch auf negative Kritik vorbereitet sein. Soziale Medien sind keine Einweg-, sondern eine Mehrweg-Kommunikation. Reagieren Sie sachlich auf diese Kritik und nehmen Sie diese ernst.

Virtuelle Allianzen – Die Zukunft der Online-Seilschaften Erfolgreiches Online-Netzwerken ist eine Chance für kleinere und mittlere Unternehmen, nachhaltig ein Netzwerk aufzubauen und sich in diesem Netzwerk auch zu beweisen. Über virtuelle Allianzen können sich Unternehmen im World Wide Web gemeinsam formieren und ihren Kunden so ein starkes Bündnis bieten. Natürlich müssen die einzelnen Spieler des Netzwerks authentisch sein und vor allem die Leistungen, die versprochen werden, auch einhalten – Kunden und Partnern gegenüber. Mit Hilfe von XING oder LinkedIn können diese Netzwerk-Allianzen gepflegt und geformt werden, da der Informationsaustausch mit wenigen Mausklicks durchgeführt werden kann. Wenn Sie diese Online-Netzwerke für sich nutzen, können Sie innerhalb Ihres Netzwerks gegenseitig Vorteile generieren und sind schneller informiert. Und: Über Online-Plattformen können Sie ganz gezielt nach Leuten suchen, die thematisch zu Ihnen oder Ihrem Unternehmen passen und Kontakt mit ihnen aufnehmen.

Teil 7:
Netzwerk-Anhang

	Netzwerkart	Ziele
Akademischer Bund katholisch-österreichischer Landsmannschaften	Studentenverbindung	Hilfe und Eintreten der Mitglieder füreinander; Verpflichtung zu fundierter akademischer Bildung; Verteidigung der kulturellen Leistungen Österreichs
BIZLADIES	Business-Netzwerk	Knüpfen und Pflege von Kontakten in angenehmer Atmosphäre
BSA – Bund sozialdemokratischer Akademiker/innen, Intellektueller und Künstler/innen	Akademikerbund	Ein Ort der Begegnung für alle, die den Grundsätzen des BSA positiv gegenüberstehen und die bereit sind, den BSA auf seinem politischen und gesellschaftlichen Weg zu begleiten
Burschenschaftliche Gemeinschaft (BG) in Deutscher Burschenschaft in Österreich	Studentenverbindung	Gemeinsame Beratung über alle burschenschaftlichen, hochschul- und verbandspolitischen Fragen und gemeinschaftliches Treffen aller Entscheidungen über alle burschenschaftlichen, hochschulpolitischen und verbandspolitischen Fragen
Business and Professional Women Austria	Wirtschaftsnetzwerk	Gegenseitige Förderung der Entwicklung der Karriere; regelmäßige Treffen
Business Network International	Wirtschaftsnetzwerk	Austausch gegenseitiger Empfehlungen
Club 55 European Community of Experts in Marketing and Sales	Wirtschaftsnetzwerk	Förderung der Interessen und der Kompetenz der Marketing- und Verkaufsexperten in Europa

Zugangsbestimmungen	***Mitgliedsbeitrag/Jahr***	***Adresse***	***Internet***
Männlich, katholisch, Student/Akademiker, Mitglied bei einer der katholischen Landsmannschaften	Individuell, je nach Verbindung	Akademischer Bund katholisch-österreichischer Landsmannschaften Gußhausstraße 10/28, 1040 Wien	Eine Auflistung der Corporationen finden Sie unter www.koel.at
Nur auf Empfehlung, Unternehmerinnen oder Angestellte in Führungspositionen	€ 250,-	BIZLADIES Lerchenfelder Straße 156/27 1080 Wien	www.bizladies.org
Akademiker; es darf keine Angehörigkeit zu einer anderen Partei als der SPÖ bzw. ihrer Teil- oder Nebenorganisationen bestehen	€ 10,- bis 130,- (gestaffelt nach Einkommen)	Bund sozialdemokratischer Akademiker/innen, Intellektueller und Künstler/innen Landesgerichtsstraße 16/3 1010 Wien	www.bsa.at
Mitgliedschaft bei einer der 42 Burschenschaften	Je nach Verbindung unterschiedlich	Alte Breslauer Burschenschaft der Raczeks zu Bonn Johannes-Henry-Straße 18 D-53113 Bonn	Eine Auflistung der Mitgliedsbünde finden Sie unter www.burschenschaftliche-gemeinschaft.de
Berufstätigen Frauen aller Altersgruppen	€ 100.-	BPW Austria Business and Professional Women – Gesellschaft berufstätiger Frauen Stubenbastei 12/14 1010 Wien	www.bpw.at
Je Berufsgruppe in jedem Chapter nur ein Mitglied	€ 700,- € 150,- Eintrittsgebühr	BNI GmbH & Co. KG Erdbergstraße 32–34/3/9 1030 Wien	http://www.bni.eu/austria/
Mitglied wird man auf dem Berufungsweg, verbunden mit jeweils zwei Patenschaften. Es können maximal 55 qualifizierte Fachleute – Unternehmensberater und Trainer in den Fachgebieten Marketing und Verkauf – aktive Mitglieder sein.		Präsident: Rudolf Obrecht Dorfgasse 9 CH-4710 Balsthal	www.club55-experts.com

	Netzwerkart	Ziele
Club alpha	Frauen-Business-Klub	Stärkung des Selbstbewusstseins berufstätiger Frauen und Forcierung des politischen Austausches
Cartellverband der katholischen österreichischen Studentenverbindungen (ÖCV)	Studentenverbindung	Dialog zwischen Jung und Alt zu Wissensaustausch und -weitergabe
Kösener Corps in Österreich Arbeitsgemeinschaft Österreichischer Corps	Studentenverbindung	Gemeinsame Bewältigung der Aufgaben des modernen Studentenlebens; Freundschaft und das Gemeinschaftserlebnis stehen im Mittelpunkt
European Women's Management Development	Frauen-Business-Klub Monatliche Treffen	Förderung von Frauen in Führungspositionen, um so die Arbeitsbedingungen zu verbessern
Freunde der Salzburger Festspiele	Kultur	Dauerhafte ideelle und finanzielle Unterstützung der Salzburger Festspiele
Gesellschaft der Musikfreunde („Musikverein")	Kultur	Förderung der musikalischen Kultur, Veranstaltung eigener Konzerte, systematische Sammlung musikhistorischer Dokumente
Großloge von Österreich	Ethischer Bund freier Menschen	Arbeit an sich selbst und und humaneres Agieren im Alltag
Zentralstelle österreichischer Landesjagdverbände	Hobby/Freizeit	Vertretung der Interessen von Jägern; Servicestellen für Mitglieder
Junge Wirtschaft	Wirtschaftsnetzwerk	Vertretung der Interessen von JungungernehmerInnen und Führungskräften, sowohl national als auch international

Zugangsbestimmungen	*Mitgliedsbeitrag/Jahr*	*Adresse*	*Internet*
Besuch der Veranstaltungen, danach Aufnahme	€ 75,-	Club alpha Stubenbastei 12/14 1010 Wien	www.alphafrauen.org
Männlich, katholisch, Akademiker/Studierender; Aufnahme erst nach einer Probezeit	Individuell, je nach Verbindung	Österreichischer Cartellverband Lerchenfelderstraße 14 1080 Wien	www.oecv.at
Gymnasiasten/ Studenten, Teilnahme an Aktivitäten und Veranstaltungen, Aufnahme nach einer Probezeit	Individuell, je nach Verbindung		Eine Auflistung der einzelnen Corps finden Sie unter www.corps.at
Engagierte Frauen in Führungspositionen	€ 240,-	EWMD International e.V. Mainzer Str. 52 D-65185 Wiesbaden	www.ewmd.org
Keine	ab € 120,-	Freunde der Salzburger Festspiele Mönchsberg 1 5020 Salzburg	www.festspielfreunde.at
Keine	Erwachsene: € 65,- Jugendliche bis 24 Jahre: € 10,-	Gesellschaft der Musikfreunde in Wien Bösendorferstr. 12 1010 Wien	www.musikverein.at
Aufnahme erfolgt ausschließlich auf Vorschlag und Einladung		Großloge der alten freien und angenommenen Maurer von Österreich Rauhensteingasse 3 1010 Wien	www.grossloge.net
Keine	€ 51,- aufwärts, je nach Bundesland und Intensität der Teilnahme	Zentralstelle österreichischer Landesjagdverbände Wickenburggasse 3/13 1080 Wien	www.ljv.at
Alter von 18–40 Jahren	Kostenlos (Ausnahme Vorarlberg: € 111,-)	Wirtschaftskammer Österreich Junge Wirtschaft Wiedner Hauptstraße 63 1045 Wien	www.jungewirtschaft.at

	Netzwerkart	Ziele
Kartellverband katholischer nichtfarbentragender akademischer Vereinigungen Österreichs (ÖKV)	Studentenverbindung	Anteilnahme am öffentlichen Leben, Vertretung katholischer Grundsätze in allen Bereichen des Lebens, über das Fachwissen hinausreichende geistige Bildung, verantwortungsbewusstes gesellschaftliches Engagement, Brüderlichkeit in der Gemeinschaft, ausgerichtet auf Lebenszeit
Kiwanis International	Service-Klub Regelmäßige Treffen	Hilft dort, wo es um die Zukunft von Kindern und jungen Menschen in aller Welt geht.
Klub für Frauen	Frauen-Business-Netzwerk	Thematisierung von Frauenthemen
Lions Clubs International	Service- Klub	Hilfe von in Not Geratenen; Unterstützung der Erhaltung von Kulturgut und kulturellen Einrichtungen
management club	Wirtschaftsnetzwerk	Entwicklung und Umsetzung wirtschaftlicher Konzepte
Marketing Club Österreich	Wirtschaftsnetzwerk	Meinungs-, Gedanken- und Erfahrungsaustausch von Führungskräften, Managern und Unternehmern
Mittelschüler-Kartell-Verband der katholischen farbentragenden Studentenkorporationen Österreichs (MKV)	Mittelschülerverbindung	Wirksame Vertretung der Interessen von Schülern und aktive Schulpolitik
OMC – Office Managerinnen Circle	Assistentinnen-Plattform	Impulssetzung zur Aneignung beruflicher und sozialer Kompetenz, zur Betreibung von Wissensmanagement und dem Aufbau von nützlichen Netzwerken

Zugangsbestimmungen	Mitgliedsbeitrag/Jahr	Adresse	Internet
Mitgliedschaft bei einer der christlichen, nichtschlagenden, nichtfarbentragenden Studentenverbindungen in Österreich, Bekenntnis zur katholischen Religion, aktives Bekenntnis zu Österreich	Individuell, je nach Verbindung	Kartellverband katholischer nichtfarbentragender Vereinigungen Österreichs Bahnhofstraße 59 4910 Ried im Innkreis	www.kartellverband.org
Jeder Klub bestimmt seine Mitglieder selbst	Individuell, je nach Klub	Kiwanis International Distrikt Österreich Ragainerstraße 35 A-9241 Wernberg	www.kiwanis.at
16 Mitglieder, streng limitiert	€ 200,-		www.klubfuerfrauen.at
Aufnahme auf Vorschlag und Einladung durch den Klub	Individuell, je nach Klub	Lions Clubs International Gesamtdistrikt 114 – Österreich Fleschgasse 32/5 1130 Wien	www.lions.at
In einer Führungsposition oder als Unternehmer Tätige; weiters müssen die Mitglieder über ihr eigenes Unternehmen hinaus am Gemeinwesen und somit an Politik interessiert sein	Wien: € 100,- Niederösterreich: € 100,- Oberösterreich: € 60,- Burgenland: € 80,- Kärnten: € 110,- Salzburg: € 120,- Steiermark: € 100,- Tirol: € 100,-	management club Kärntner Straße 8 1010 Wien	www.managementclub.at
(Zukünftige) Führungskräfte, Manager und Unternehmer	Einzelpersonen: € 420,- Firmen (4 Personen): € 1100,- Studenten: € 196,-	Marketing Club Österreich Dornbacherstr. 31/ Top 8 1170 Wien	www.marketingclub.at
Männlich, katholisch, Mittelschüler	Individuell, je nach Verbindung	Mittelschüler-Kartell-Verband (MKV) Neubaugasse 25/21 1070 Wien	www.mkv.at
Größte Plattform für Sekretärinnen/Assistentinnen mit über 22.000 Interessentinnen allein in Österreich	Kein Mitgliedsbeitrag Veranstaltungen mit Kostenbeitrag	OMC-OfficemanagerInnencircle Werbeagentur Silvia Rotheimer Tulpengasse 9-13 2601 Eggendorf	www.omc-portal.com

	Netzwerkart	Ziele
Österreichischer Turnerbund (ÖTB)	Freizeit	Turnen nach Friedrich Ludwig Jahn, Pflege der Kameradschaft ohne Unterschied von Beruf und Alter
Richard-Wagner-Verband International	Kultur	Weckung des Interesses für das Werk Richard Wagners, Förderung des künstlerischen Nachwuchses, Unterstützung der auf Anregung Richard Wagners gegründete Richard-Wagner-Stipendienstiftung, Einsatz für den Erhalt der Bayreuther Festspiele
Rotary International	Service-Klub Wöchentliche Treffen	Organisierung von Benefizveranstaltungen, Unterstützung von Hilfsorganisationen und Entwicklung und Förderung sozialer Hilfsprogramme
Round Table	Service- Klub 14- tägige Treffen	Austausch der Berufs- und Lebenserfahrungen der Mitglieder, Erweiterung des Horizonts, Entwicklung von Toleranz und soziales Engagement
Soroptimistinnen	Service-Klub für Frauen im Berufsleben Monatliche Treffen	Versteht sich als eine weltweite Stimme von Frauen für Frauen auf der Basis von internationaler Verständigung und Freundschaft für die Verbesserung der Stellung der Frau und Wahrung ethischer Werte und Menschenrechte
SVAX – Supported Value And eXchange	Personal Business Netzwerk	Bewusste Vernetzung von Unternehmen durch organisierte Veranstaltungen und Synergiegespräche; Unterstützung bei Erstkontakten für Kunden und Lieferanten

Zugangsbestimmungen	Mitgliedsbeitrag/Jahr	Adresse	Internet
Mitgliedschaft in einem der ÖTB-Vereine	Individuell, je nach Verein	Bundesgeschäftsstelle des ÖTB Linzerstraße 80 a 4050 Traun	www.oetb.at
Mitgliedschaft bei einem der 142 regionalen Verbände	Individuell, je nach Verband	Richard-Wagner-Verband International e.V., vertreten durch die Präsidentin Prof. Eva Märtson Lerchenort 36 D-30657 Hannover	www.richard-wagner-verband.de
Die Aufnahme erfolgt auf Vorschlag und mit drei Bürgen, wobei alle anderen Mitglieder einverstanden sein müssen; wesentlich sind die berufliche Etabliertheit sowie zeitliche und finanzielle Ressourcen	US$ 49,- an Rotary International + Klubbeitrag (variiert), zuzüglich Spenden	Distrikt 1910 (Ost) Schönbrunner Straße 47 1050 Wien Distrikt 1920 (West) Gasteigweg 17 5400 Hallein	www.rotary.at
Männlich, 18–40 Jahre alt		Round Table Austria Landstraßer Hauptstraße 33/34 1030 Wien	www.roundtable.at
Jede Berufssparte ist nur einmal vertreten; nur auf Empfehlung. Jedes Klubmitglied kann an Klubtreffen überall auf der Welt teilnehmen, ist in 123 Ländern vertreten.	Je nach Klub unterschiedlich	Soroptimist Austria Beatrice A. Austerlitz Grünentorgasse 19A/6 1090 Wien	www.soroptimist.at
	€ 2000,-	SVAX Firmen-Beziehungs-Netzwerk Rheinstraße 93 6974 Gaißau	www.svax.at

	Netzwerkart	Ziele
Toastmasters Austria	Rhetorikklub Treffen zweimal im Monat	Aktive Förderung von Rhetorik, Kommunikationsgeschick und Führungsqualitäten
Vereinigung christlicher farbentragender Studentinnen in Österreich (VCS)	Studentenverbindung	Förderung des Kontakts zwischen den einzelnen Verbindungen und Vertretung des Verbands nach außen, Sammeln von Spenden für soziale Projekte
Wiener Wirtschaftsklub	Wirtschaftsnetzwerk	
Wirtschaftsforum der Führungskräfte	Wirtschaftsnetzwerk	Positionierung der Interessen der Führungskräfte in der Öffentlichkeit (Politik, Medien, Sozialpartnern etc.) als Stimme der Manager, Erfahrungsaustausch unter Gleichgesinnten, nationales und internationales Lobbying, Zusammenarbeit von Menschen aus allen Bereichen der Wirtschaft
WU-Alumni-Club	Absolventenklub	Lässt die Beziehung zwischen der einstigen Ausbildungsinstitution und ihren AbsolventInnen wieder aufleben und bietet die Möglichkeit, Kontakte zu BranchenkollegInnen, ArbeitgeberInnen und GeschäftspartnerInnen zu knüpfen
Zigarrenclubs Österreich	Hobby/Freizeit	Serviceorganisation, die mithelfen soll, ihren Mitgliedern den Zugang zur Welt der Zigarren zu erleichtern

Zugangsbestimmungen	***Mitgliedsbeitrag/Jahr***	***Adresse***	***Internet***
Jeder, der Lust hat, seine rhetorischen Fähigkeiten zu verbessern	€ 140.-	Toastmasters Austria Wipplingerstraße 13 (Systemisches Institut) 1010 Wien	www.toastmasters.at
Christlich, weiblich, Studentin/Akademikerin	Individuell, je nach Verbindung	VCS Postfach 29 1150 Wien	www.vcs.at
Vorschlag durch zwei Vorstandsmitglieder, Entscheidung durch den Vorstand	€ 250,-	Wiener Wirtschaftsklub Kolonitzgasse 7/17a 1030 Wien	
Geschäftsführer Abteilungs- oder Bereichsleiter, Teamleiter oder Projektverantwortlicher, Nachwuchsführungskraft, StudentInnen, die bereits während des Studiums Kontakte zu wirtschaftlichen Entscheidungsträgern knüpfen, aus der Praxis lernen und mitarbeiten möchten	€ 150,-	WdF-Bundesgeschäftsstelle Lothringerstraße 12 1030 Wien	www.wdf.at
AbsolventInnen der Wirtschaftsuniversität Wien	€ 45,-	WU-Alumni-Club Augasse 2–6 1090 Wien	www.alumni.at
Alle, die das Interesse an Zigarren, der Kultur und Geschichte des Rauchens vertiefen und dies im Zuge eines angenehmen Rahmens mit Gleichgesinnten teilen wollen			Eine Auflistung der österreichischen Zigarrenclubs ist unter www.cigar-cult.com zu finden

Diese Liste von größtenteils Business-Netzwerken, die ich im Laufe der Zeit und der Recherche kennengelernt habe, erhebt keinen Anspruch auf Vollständigkeit, im Gegenteil: Sollten Sie weitere Netzwerke kennen, die es wert sind, hier aufgenommen zu werden, bitte ich um Mitteilung!

S. Spaß Nur wenn Sie wirklichen Spaß empfinden, können Sie im Netzwerk erfolgreich tätig sein, eine Sogwirkung erzeugen und andere von sich überzeugen oder mitreißen.

E. Ehrlich Seien Sie authentisch, so wie Sie wirklich sind. Machen Sie Komplimente, aber nur ehrlich gemeinte. Sagen Sie Ihre Meinung, vertreten Sie Ihre Standpunkte.

I. Interesse Der Mensch steht im Mittelpunkt und damit im Fokus Ihres Interesses. Zeigen Sie sich interessiert.

L. Lächeln Mit Freundlichkeit kommen Sie im Leben weiter. Lächeln Sie mehr als andere Menschen, und die Leute werden sich gerne mit Ihnen treffen und sich mit Ihnen zeigen.

S. Sichtbar Machen Sie sich sichtbar. Schreiben Sie Artikel, werden Sie bekannter. Sagen Sie Ihre Meinung und stehen Sie auch dazu.

C. Chancen Wenn sich Ihnen Türen öffnen, erkennen Sie die Chance. Ergreifen Sie die Möglichkeit, etwas anderes, etwas Neues zu tun. Gehen Sie durch offene Türen hindurch.

H. Helfen Nutzen Sie jede Gelegenheit, anderen Menschen nützlich zu sein. Geben Sie Empfehlungen, bringen Sie andere zusammen.

A. Aufmerksam Ihr Gegenüber muss spüren, dass Sie mit Ihren Gedanken und Ihrer gesamten Aufmerksamkeit bei ihm sind. Geben Sie ihm damit das Gefühl der Wertschätzung.

F. Fokus Seien Sie zielgerichtet und zentriert. Sie müssen wissen, wo es in Ihrem Leben hingehen soll, dann finden Sie die passenden Netzwerke und erhalten die für Sie notwendigen Informationen.

T. Timing Und nur dann können Sie zur richtigen Zeit am richtigen Ort sein.

E. Ehrgeiz Ohne Fleiß kein Preis – ohne eigene Aktivität kein großes Netzwerk.

N. Neues Seien Sie offen und aufgeschlossen gegenüber Neuem und Anderem. Jeder Mensch ist einzigartig und hat seine eigene Wirklichkeit. Akzeptieren Sie das und machen Sie es sich zunutze.

Nicht ...	**Sondern ...**
schleimen	aufmerksam und ehrlich sein
aufdringlich sein	ehrliches Interesse zeigen
Gerüchte verbreiten	Vertrauen aufbauen
nehmen	geben
Klatsch und Tratsch	Positives verbreiten
Mund halten	ins Gespräch kommen
aufgeben	dranbleiben
wahllos agieren	zielgerichtet handeln
allein werken	Verbündete finden
jammern	handeln
Langeweile	Spaß

Sabine Asgodom, Eigenlob stimmt – Erfolg durch Selbst-PR, Berlin 2009.

Robert Axelrod & William D. Hamilton, The evolution of cooperation, in: Science, März 1981, S. 1390–1396.

Daniel Bell, The Coming of Post-Industrial Society, New York 1973.

Stanna Brazeel, Networking To Top Talent Or Networking Your Way to Top Talent, in: Offshore, September 2009, S. 2.

Roland Brettschart & Birgit Kofler, Nobelclubs in Österreich. Wo Einfluß, Macht und Geld verkehren, Wien 1999.

Dale Carnegie, Wie man Freunde gewinnt – Die Kunst beliebt und einflussreich zu werden, Frankfurt 2006.

Keith Ferrazzi & Tahl Raz, Geh nie alleine essen und andere Geheimnisse rund um Networking und Erfolg, Kulmbach 2007.

GfK Austria, Social Networks: Fast 70% der österreichischen Internetnutzer nutzen zumindest ein Social Network, 2009. www.gfk.at/public_relations/pressreleases/articles/004917/index.de.html

GfK Austria, Online-Kontakte kein Ersatz für persönliche Beziehungen, 2009. www.gfk.at/public_relations/pressreleases/articles/005063/index.de.html

Wendy M. Harris, Networking for Success, in: Black Enterprise, November 2003, S. 72–77.

Peter Heimerl u. a., Expedition statt Organisation: Organisationszukunft ermöglichen mittels Lernräumen, Organisationsaufstellung und Großgruppenveranstaltungen, Bern u. a. 2006.

Peter Heimerl, Zur expeditionalen Organisationsentwicklung, Bern u. a. 2009.

Jochen Hoffmann u. a., Moderne public Affairs versus traditionelle Interessensvertretung?, in: Österreichische Zeitschrift für Politikwissenschaften 4/2007, S. 425–444.

Alvin Hwang & Eric Kessler, Student Networking Behavior, Culture and Grade Performance: An Empirival Study and Pedagogical Resommendations, in: Academy of Management & Education, Juni 2004, S. 139–150.

Herminia Ibarra & Mark Hunter, Wie Manager Netzwerke richtig nutzen, in: Harvard Businessmanager, Juli 2007, S. 44–54.

Chase Landy, Networking, in: American Salesman, Dezember 1994, S. 16–23.

Kate Ludeman & Eddie Erlandson, Das Alpha-Tier zähmen, in: Harvard Businessmanager, August 2004, S. 60ff.

Andreas Lutz & Joachim Rumohr, XING optimal nutzen, Wien 2008.

Harvey Mackay, Networking – Das Buch über die Kunst, Beziehungen aufzubauen und zu nutzen, Berlin 1997.

Sabine Piarry, Erfolgreich netzwerken – Schluss mit Kundenjagd, Wettbewerbsangst & Co., Norderstedt 2008.

Robert D. Putnam, Bowling alone. The Collapse and Revival of American Community, New York u. a. 2000.

Robert D. Putnam (Hrsg.), Gesellschaft und Gemeinsinn. Sozialkapital im internationalen Vergleich, Gütersloh 2001.

Felix Reiners, Das Netzwerk in Balance bringen. Coaching als Navigationshilfe beim Neworking, in: Coaching-Magazin 2/2009, S. 17–21.

Felix Reiners, Strategisch Kontakte knüpfen, in: Harvard Business Manager, September 2009, S. 18–21.

Monika Scheddin, Erfolgsstrategie Networking – Business-Kontakte knüpfen, organisieren und pflegen, München 2009.

Uwe Scheler, Erfolgsfaktor Networking – mit Beziehungsintelligenz die richtigen Kontakte knüpfen, pflegen und nutzen, München 2000.

Michael Stark, Wenn die Seele SOS funkt, Hamburg 1999.

Statistik Austria, Struktur und Volumen der Freiwilligenarbeit in Österreich, 2008. www.statistik.at.

Johannes Steyrer & Michael Schiffinger, Sieben auf einen Streich – mikropolitische Taktiken und Karriereerfolg, in: Mayrhofer, Wolfgang (Hrsg.), Macht? Erfolg? reich? glücklich? Einflussfaktoren auf die Karriere, Wien 2005.

Arnold Sydow & Arnold Windeler (Hrsg.), Steuerung von Netzwerken. Konzepte und Praktiken, Opladen/Wiesbaden 2000.

Brian Tracey & Frank Scheelen, Speak to Win. Wie Sie zu einem ausgezeichneten Redner werden vor großem und kleinem Publikum, Offenbach 2008.

David Ungar-Klein, Create Connections – Wie Sie mit Networking & Lobbying Ihre Ziele erreichen, Wien 2007.

Ilse Wagner, Wer Erfolg hat, ist selber schuld, Kunden gewinnen – Kunden halten – Ziele erreichen, Graz 2009.

Troy A. Waugh & Günter Halvax, Power Up Your Profits, Gewinnstrategien für Rechtsanwälte, Steuerberater, Wirtschaftsprüfer, Köln 2003.

W. H. Weiss, The art and skill of networking, in: Supervision, Februar 1998, S. 13–15.

Literatur zu Peter Adler, Netzwerke und Macht

Christine Bauer-Jelinek, Die helle und die dunkle Seite der Macht, 11. Aufl., Salzburg 2009.

J. P. R. French Jr. & B. Raven, The bases of social power, in: D. Cartwright and A. Zander (eds.), Group dynamics, New York 1960.

Friedrich Glasl, Wie geht Organisationsentwicklung mit Macht in Organisationen um, in: Organisationsentwicklung (Zeitschrift der Gesellschaft für Organisationsentwicklung) 2/1983.

David Landes, Die Macht der Familie – Wirtschaftsdynastien in der Weltgeschichte, München 2006.

Abraham H. Maslow, Motivation und Persönlichkeit, Reinbek bei Hamburg 1989.

Max Weber, Wirtschaft und Gesellschaft. Grundriß der verstehenden Soziologie, 1. Halbbd., Tübingen 1980.

Auch wenn Sie jetzt am Ende des Buches angelangt sind: Das ist erst der Anfang, denn jetzt geht es um's Umsetzen und Tun. Übrigens: Wissen Sie, was tun anders herum gelesen heißt?

TUN = Nicht Unnötig Trödeln

Wenn Sie dabei Hilfe benötigen, stehe ich Ihnen natürlich auch als Coach oder Trainerin zur Verfügung – mit Einzeltrainings oder aber mit folgenden Vorträgen und Seminaren:

→ Netzwerken als Karriere- und Umsatzturbo

→ Die geheimen Regeln der Seilschaften

→ Anziehend kommunizieren

→ Bestechend präsentieren

→ Macht der (Körper-)Sprache

→ Erfolg beginnt im Kopf

Speziell zugeschnitten auf Ihre Wünsche werden die einzelnen Events mit Begeisterung und Nachhaltigkeit von mir persönlich designed.
Ich freue mich über Anregungen und Rückmeldungen jeglicher Art.

Unternehmensberatung Bleckmann
Coaching – Connecting – Consulting

Polzergasse 32
8010 Graz, Österreich
Tel.: 0043 (0) 664 825 7777
E-Mail: office@magdableckmann.at

Oder besuchen Sie meine Homepages:
www.magdableckmann.at
www.seilschaften.at

Weitere Bücher aus dem Leykam Verlag:

Ilse Wagner

Wer Erfolg hat, ist selber schuld

Kunden gewinnen – Kunden halten – Ziele erreichen

224 Seiten, gebunden

ISBN 978-3-7011-7647-2

Der Hauptgrund warum Firmen scheitern oder in Konkurs gehen, liegt darin, dass sie nicht genügend Kunden haben. Rund 25% der neu gegründeten Firmen überleben die ersten fünf Jahre nicht. Grund genug für das vorliegende Buch zum Thema Neukundengewinnung.

Ilse Wagner ist ein Profi. In ihrer Agentur werden täglich mehr als 1.000 Telefongespräche geführt. Nun beschreibt sie aus ihrer Praxis erfolgreiche Methoden und Strategien zur Neukundengewinnung und Kundenbindung. Weiters gibt sie viele Tipps für erfolgreiche Kundengespräche am Telefon, im Außendienst und im Schriftverkehr und präsentiert zehn erfolgreiche Projekte aus ihrer Praxis

Ilse Wagner ist Geschäftsführerin der Firma Telenova Telefonmarketing & Training GmbH. Die erfolgreiche und mehrfach ausgezeichnete Unternehmerin ist seit 15 Jahren als Verkaufs- und Kommunikationstrainerin tätig und hat in unzähligen Seminaren ihr Wissen weitergegeben.